Andreas Malessa

ALTHERREN SOMMER

Männer in der Drittlife-Krise

Gütersloher Verlagshaus

Bibliografische Information der Deutschen Nationalbibliothek

Die Deutsche Nationalbibliothek verzeichnet diese Publikation
in der Deutschen Nationalbibliografie; detaillierte bibliografische
Daten sind im Internet über https://portal.dnb.de abrufbar.

MIX
Papier aus ver-
antwortungsvollen
Quellen
FSC® C014496

Verlagsgruppe Random House FSC-DEU-0100
Das für dieses Buch verwendete FSC®-zertifizierte
Papier *Munken Premium Cream* liefert
Arctic Paper Munkedals AB, Schweden.

1. Auflage
Copyright © 2012 by Gütersloher Verlagshaus, Gütersloh,
in der Verlagsgruppe Random House GmbH, München

Coverfoto: © abcmedia / Fotolia
Druck und Einband: GGP Media GmbH, Pößneck
Printed in Germany
ISBN 978-3-579-06663-9

www.gtvh.de

INHALT

VORWORT ODER: WIE KAM ICH DRAUF?

Versaute Witze heißen »Altherrenwitze«, langweilige Talksendungen heißen »Altherrenrunde«, schlechte Fußballmannschaften sind eine »Altherrenriege« und wenn Schmiergelder gezahlt werden, saß wahrscheinlich ein korrupter »Altherrenstammtisch« beisammen. Komiker Hape Kerkeling als »Horst Schlämmer« und Kabarettist Frank-Markus Barwasser als »Erwin Pelzig« erhöhen stilsicher ihren Lachfaktor, indem ihnen eine »Herrenhandtasche« ums Handgelenk baumelt. Der »Herrenreiter« in Omas Fotoalbum, die »Herrentorte« auf Opas Kaffeetisch und das »Herrengedeck« in Papas Eckkneipe wirken ähnlich vorgestrig. Fehlt noch die Abteilung Freizeit und Tourismus: Der klassische Strandliegen-Reservierer in Karikaturen, Humorbüchern und -zeitschriften ist meist ein Mann. Mit Bierwampe, arthritischen Knien und weißen Tennissocken in Sandalen. *Ein Mann im Alter 50 plus.* Enthielte unser Sprachgebrauch ähnlich viel verbale Geringschätzung für *die Frau ab 50* – es würde manche Gleichstellungsbeauftragte und Gender-Mainstream-Forscherin in Lohn und Brot bringen. Der Begriff »Altweibersommer« gleicht da nichts aus. Rein meteorologisch ist er eine der schönsten Jahreszeiten – mildes Septemberlicht, warme, aber nicht heiße Tage – und umgangssprachlich dürfte er demnächst vom eingedeutschten »Indian Summer« verdrängt werden.

Als Hörfunk- und Fernsehjournalist für mehrere ARD-Sender werde ich oft eingeladen, Referate zu halten oder Diskussionen zu moderieren. Von Kirchengemeinden und Bildungseinrichtungen, Vereinen, Stiftungen und Kulturveranstaltern. Statt in Hotels – wo ich ja doch nur vor dem Laptop hocke – lasse ich mich lieber bei den Mitarbeitenden der Veranstaltung einquartieren. Privat, zu Hause. Für

»richtige« Geschäftsreisende mag das eine Schreckensvision sein, aber für mich ist der nächtliche Absacker im Privatquartier eine Quelle erstaunlicher Biographien, Ehe- und Familiengeschichten, Meinungen und Lebenserfahrungen. Fast immer wohne ich bei Leuten über 50. Weil sie »Zimmer frei haben, seit die Kinder aus dem Haus sind«. Ob die wirklich aus dem Haus sind oder so abhängig und anhänglich sind wie eh und je, ob und wie sich das »Empty Nest Syndrom« bei Müttern ab 50 auf ihr Selbstwertgefühl auswirkt – darüber reden fast alle Frauen. Ob sie ihren erwachsenen Kindern noch etwas bedeuten, ob und wie es sich auswirkt, dass Macht und Ansehen im Beruf schwinden, welche Gefühle eine bevorstehende oder gerade vollzogene Pensionierung auslöst – darüber schweigen fast alle Männer. Von der umgangssprachlich gewordenen »Midlife-Crisis« ab Mitte 30 plaudern viele. Von der »Dritt-Life-Krise« ab Mitte 50 wenige. Von den Träumen nach Aufbruch und Veränderung, nach einem »Altherrensommer« in Familie und Gesellschaft redet man(n) besser gar nicht.

So kam ich drauf. Auf die Idee, Fakten zu sammeln und Begegnungen zu berichten aus einer Lebensphase, die Frauen zu kennen glauben und Männer selten zu erkennen geben. Nicht als Betroffener oder als Ratgeberonkel, der wohlfeile Tipps zu vergeben hätte, denn als Mann Jahrgang 1955 stehe ich erst am Anfang dessen, wovon mir berichtet wird. Aber als ein Reporter, der hartnäckig daran glaubt, dass Sie, die Leserinnen und Leser, Ihre eigenen hilfreichen Schlüsse ziehen können und sich an einigen Stellen vielleicht sogar wiedererkennen.

... ABER SONST IST NOCH ALLES O.K.!

Was haben Sie *vor* diesem »aber sonst« gesagt? Das ist doch ein verräterischer Nachsatz, finden Sie nicht? Verdächtig wie die berühmte Urlauber-Beteuerung »aber sonst hat Mallorca auch ruhige Gegenden«. Aha? Also nicht nur Ballermann. Wie schön. Ich vermute, es hat Sie jemand gefragt:»Und, wie geht's?« (Unter Männern:»Und, wie läuft's?«) Sie haben erst einmal mit den Achseln gezuckt und ein tiefes »Och« eingeatmet. Dann haben Sie eine kurze Zusammenfassung der aktuellen Beschwernisse und Schmerzen, der Sorgen und Leiden Ihres Lebens jenseits der 50 erzählt und noch während Sie sprachen, kamen Ihnen Bedenken, das höre sich jetzt aber allzu wehleidig an. Deshalb schnell hinterher geschoben:»... aber sonst, also im Großen und Ganzen ...« Pause. »... können wir nicht klagen.« Ihr Gegenüber lächelte beruhigt. »... und überhaupt und im Grunde muss man noch froh sein.« So so. Dabei war schon die erste Hälfte nur halb wahr, aber voll geschönt. Vielleicht kommen Ihnen folgende Beobachtungen nicht völlig fremd vor:

Wenn Sie aus einem tiefen Sessel aufstehen, aus der Hocke hochkommen oder aus Ihrem Auto aussteigen, stöhnen Sie »Ah!« (Und wenn andere dabei sind, nehmen Sie sich vor, jetzt nicht »Ah« zu stöhnen.)

Ihr Namensgedächtnis mag auch früher schon schlecht gewesen sein. Aber die Zeitspanne, bis «der Groschen fiel«, war kürzer. Jetzt fällt Ihnen vom Beginn bis zum Ende der zweistündigen Jubiläumsveranstaltung ums Verrecken nicht ein, wie diese Frau dort drüben, ja genau, die da in der zweiten Reihe, wie hieß die gleich, die hat mir doch damals ... Nichts. Null. Blackout. Spätabends, beim Sektmit-Smalltalk im Foyer, könnte diese Bekannte aber auf Sie zukommen und von genau jenem »damals« plaudern wollen. Und übermorgen, völlig zusammenhanglos, wird Ihnen ihr Name wieder einfallen, plötzlich und glasklar. Wenn es niemand mehr braucht.

Nicht nur Namen vergessen Sie jetzt häufiger, sondern auch, was Sie wem gesagt oder schon mal erzählt haben. Das führt im Normalfall bei den Zuhörenden zu geduldig-gelangweiltem Lächeln oder artigem Lachen. (»Ein Gentleman ist jemand, der jeden Witz noch nie gehört hat.«) Schlimmstenfalls führt es zu furchtbaren Peinlichkeiten (»also mir gegenüber hat sie das aber ganz anders ...«), im besten Falle führt es zu mehr Ehrlichkeit. In jedem Fall aber bauen Sie ein kleines Frühwarnsystem ein, einen Brems-Impuls wie die Asphalt-Erhebungen in den Spielstraßen und 30er-Zonen der Wohnviertel: »Und da sagt doch dieser Taxifahrer zu mir ... oder hab ich Euch das schon erzählt?«

Die Glitschigkeit einer Duschkabine – im Hallenbad, im Hotel, in der Ferienwohnung, bei Freunden, den Halte-griff über der Badewanne haben Sie ein halbes Leben lang nicht einmal wahrgenommen. Jetzt achten Sie drauf. Denn kurzes Stolpern kann lang anhaltende Rückenschmerzen bedeuten. Von Muskelzerrungen oder einem Bandschei-benvorfall ganz zu schweigen. Wer will schon als Humpel-stilzchen zum Frühstück erscheinen? Überhaupt: Jede noch so kleine Verletzung – der Daumen in der Garagentür, das Schienbein an der Bettkante, die rasierklingenverletzte Halsfalte bei Herren und das entzündete Nagelbett bei Da-men – alles schmerzt viel länger als früher. Alles heilt un-glaublich langsam und bleibt danach monatelang sichtbar.

Wenn Sie unbedacht und hastig etwas trinken, bei einem angeregten Tischgespräch zu schnell atmen, reden, kauen und sich plötzlich verschlucken – dann ist das nicht, wie in Kindertagen, mit zwei Klapsen auf den Rücken getan. Nein, Sie glauben zu ersticken. Sie werden puterrot, ihre Stimme versagt. Die Luftröhre ist wie zugeschnürt. Sie entschuldigen sich röchelnd, flüchten ins Badezimmer und sind erst nach zehn Minuten wieder soweit gesellschaftsfähig, dass Sie an die Tafel zurückkehren können. Dort haben inzwischen die anderen Gäste ihre eigenen Verschluckungserlebnisse mit Nuss-Schokolade, Krokantplätzchen, Pinienkernen, mit Rucola-Salat und scharfen Thaisuppen zum Besten gegeben. Alle haben vollstes Verständnis für Sie, aber ja doch! Trotzdem denken Sie: Warum ist das im Alter so ein Drama, verdammt nochmal?!

Es war Ihnen doch jahrzehntelang schnurzpiep-egal, wo Sie im Großraumwagen eines Zuges Platz nahmen. Schülerhorden oder verliebte junge Pärchen merken ja nicht mal, dass sie überhaupt in einem öffentlichen Verkehrsmittel reisen. Sie aber – Sie achten seit ein paar Jahren darauf, dass es von der Tür her nicht zieht (Rücken!), dass Sie nicht am Fenster sitzen, wo die grelle Sonne flackert und flimmert (nervöse Augenrötung!) und dass Sie in Fahrtrichtung sitzen (leichte Kopfschmerzen!). Wenn nämlich der »Franken-Sachsen-Express« mit Tempo 180 und Neige-Technik von Nürnberg nach Dresden rast, reagiert Ihr Magen wie bei einer Achterbahnfahrt rückwärts.

Wenn Ihre Lesebrille wieder mal, gottweißwo, liegengeblieben ist, können Sie sich die Speisekarte ja vom Kellner vorlesen oder zumindest in Auszügen zitieren lassen. (Was sich für die Restaurantgäste an den Nachbartischen bisweilen anhört wie eine Theaterprobe zwischen Regisseur und Schauspieler:»Kann ich nochmal diese Stelle weiter vorne hören bitte? Ab Carpaccio etwa?«) Wenn Sie aber ohne Lesebrille am Bankschalter oder auf einer Behörde etwas unterschreiben sollen – dann müssen Sie dran glauben. Also dran glauben, dass alles seine Richtigkeit hat, was Sie da halbblind mit Ihrem Namenszug bestätigen.

Wenn Sie in den finanziell klammen Jugendjahren eine Strecke von, sagen wir, 350 Kilometern auf der Autobahn zu fahren hatten, dann lautete die wichtigste Frage:»Wie weit reicht die Tankfüllung noch?« Die hatte nämlich Papa gesponsert. Heute lautet Ihre wichtigste Frage:»Wie weit noch bis zur nächsten Toilette?« Und:»Können wir deine und meine Pinkelpausen bitte so koordinieren, dass wir nicht an *jeder* Raststätte halten müssen?!«

Zu Terminen und Veranstaltungen kommen Sie neuerdings lieber zu früh als pünktlich. Beginnt in der Seniorenresidenz ein Vortrag um 19.00 Uhr, ist um 18.00 Uhr der Saal voll. Bei Volksmusik im Festzelt sitzen die ersten Alten schon, wenn die letzte Bierbank noch nicht steht. Opern- und Konzerthäuser, Stadthallen und Kirchen rechnen mit etwa 30 Minuten Rentner-Vorlauf. Nur Hiphop-Solisten und junge Rockbands können bis kurz vor Konzertbeginn Soundcheck und Lichtprobe machen – ihre Klientel unter 20 trödelt notorisch zu spät in die Location. Woher kommt diese alterstypische Sorge vor dem Zu-spät-sein? Es existieren nur Vermutungen: Sie sitzen im Auto, haben etwas vergessen und müssen zurück ins Haus. Bei Abfahrt Nr. 2 fällt Ihrem Mann ein, was *er* vergessen hat. Seither plädieren Sie für frühen Aufbruch. Außerdem hassen Sie es, gehetzt und genervt irgendwo zu erscheinen und, etwa im Theater, ganze Stuhlreihen für sich aufstehen zu lassen. Und schließlich die simple Rechnung: Eine halbe Stunde Hinfahrt plus zwei Stunden Kinofilm ohne Pause – da lassen wir uns doch sicherheitshalber etwas Zeit, vorher noch kurz wohin zu gehen.

»Wissen Sie, was Essensreste nachts zwischen Ihren Zähnen anrichten?«, fragt der Zahnarzt. »Ich weiß es nicht«, sagt der Patient, »wir schlafen getrennt.« Selbst wenn es bei Ihnen noch nicht so weit ist: Das in Jahrzehnten entstandene (und teuer zusatzbezahlte) Mit- und Nebeneinander von Füllungen, Jackett-Kronen, Brücken und Implantaten hat im Mund eine alterstypische Folge: Hähnchenfleisch, Gulasch, Gewürzkörner, Kresse und Schnittlauch, am schlimmsten jedoch erkalteter Fondue-Käse, bleiben hinterhältig und hartnäckig zwischen den sogenannten Zähnen hängen. Nisten sich ein, krallen sich fest, kleben und haken und hängen so penetrant in den Spalten und Klüften, dass kein Zahnstocher mehr etwas ausrichten kann. Auch hinter vorgehaltener Hand nicht. Vorspeise und Hauptgang sind geschafft, Sie verschwinden mal kurz in den Waschraum der Toilette, fuhrwerken vor dem Spiegel mit der Zahnseide herum und – kommen mit blutendem Zahnfleisch wieder raus. Zum Dessert gibt es Apfelkuchen mit Mandelsplittern. Na danke schön! Was werden Sie tun? Sie lächeln nur noch mit geschlossenem Mund und versuchen es mit der Zunge. Die ausgebeulte Wange – ein untrügliches Erkennungszeichen älterer Menschen beim Nachtisch. Dass da im Verborgenen eine hyperaktive Fleischbürste ihre akrobatische Schwerstarbeit verrichtet, kann manchmal sogar intellektuell wirken. Das geht so: Wenn Ihr Gegenüber einen Satz beendet hat, ziehen Sie staunend die Augenbrauen hoch, schauen nachdenklich ins Weite und befehlen Ihrem Höhlenbohrer im Mund einen abrupten Stopp in der Hamsterbacke. Sieht aus, als würden Sie gleich den ontologischen vom kausalen Gottesbeweis unterscheiden und die Grundthesen des Aristoteles gegen Immanuel Kant verteidigen. Ist in Wahrheit aber nur der Moment, wo Sie spüren: »Sie hat ihn!! Diesen elenden Mandelsplitterrest!«

Sie werden neuerdings von Rührung und Sentimentalität überfallen. Bei der Taufe Ihrer Patentochter oder Enkelin ging's ja noch. Aber jetzt, wenn Sie bei der Konfirmation eines süßen Teenagers eine Tischrede halten sollen?! Wieso steigt ihnen das Heulen ins Gesicht, woher dieses Zucken der Unterlippe, wie kriege ich den Kloß im Hals raus und Festigkeit in die Stimme rein? Meine-Güte-reiß-Dichdoch-zusammen! Dass ein Vater zwischen 50 und 65 mit Tränen in den Augen seine brautkleidgeschmückte Tochter durch den Mittelgang zum Traualtar führt, wo Mutter und Schwiegereltern, Omas und Opas in blumendekorierten Kirchenbänken längst die Taschentücher gezückt haben – geschenkt! Versteht jeder. Darf sein. Ist doch klar. Aber unvermittelt mit den Tränen kämpfen an einem werktägigen Vormittag in der Küche, nur weil NDR Kultur oder Klassik Radio die »Pathetique« von Beethoven spielt?! Die »Kinderszenen« von Robert Schumann oder »Thais« von Massenet mit Anne Sophie Mutter an der Violine? Der Vorstandsvorsitzende im dicken Daimler, die Chefärztin auf dem Parkplatz des Klinikums müssen ihre Telefonate unterbrechen, nur weil Gary Brooker von »Procol Harum«

mit kehliger Stimme die erste Zeile von »A Salty Dog« intoniert. »All hands on deck / we run aflow / I heard the captain cry« – und dass der sonst so machtvoll-rational auftretende Boss dabei heulen muss, dass die sonst so gestrenge Frau Doktor einen Kloß im Hals spürt, hat ja weder mit irgendeiner konkreten Erinnerung noch mit Traurigkeit zu tun. Nicht mal mit Sehnsucht nach dem Meer. Es ist die reine Melancholie. Oder alberne Sentimentalität. Oder ist es nicht mal das, sondern schlicht eine Art alterstypische Gemütsschwäche?

Als die Kinder noch klein waren und es an Ihrer Arbeitsstelle brummte, da fielen Sie abends wie tot ins Bett und hörten nach sechs oder sieben Stunden Erschöpfungsschlaf das Piepen des Weckers wie die Glocken zum Jüngsten Gericht. Genussvoller Luxus war es, draufzuhauen und satte zwei Stunden weiterzuschlafen. Jetzt – die Kinder sind aus dem Haus, die Firma hat Sie frühpensioniert – jetzt wachen Sie ungewollt um 5.00 Uhr zum ersten Mal auf, ganz ohne Wecker um 6.00 Uhr erneut, stehen um halb sieben auf und sind ab 14.00 Uhr bleiern müde. Sie schlafen mehr als früher – aber in kurzen Häppchen. Das ändert sich auch nicht dadurch, dass Sie in der »Apotheken-Umschau« (»Rentner-Bravo«) lesen, das sei ganz natürlich und passiere allen alten Leuten. Sie sind seit Tau und Tag auf den Beinen, Schwager und Schwägerin kommen zum Mittagessen, der verregnete Sonntagnachmittag am Kaffeetisch zieht sich in die Länge – und Sie stemmen sich gegen die Tonnage Ihrer Augenlider. Kämpfen um Ihr Gleichgewicht im Sitzen. Und gegen den Grauschleier im Hirn. Müdigkeit. Lähmend wie ein Vollrausch. Was gäben Sie drum, einfach aufstehen zu dürfen und schlafen zu gehen!

Und die wirklich ernsten Veränderungen im Alter? Das mit dem Sex und dem Geld und der Achtung voreinander und den seelischen Narben der Vergangenheit, die plötzlich wieder wehtun, all das wurde noch gar nicht erwähnt! Von Selbstbewusstsein und Sich-Nützlich-Machen, von vermeintlich dringenden Terminen und Placebo-Wichtigkeiten, von Würde und Selbstwert, Schuld und Scham haben wir noch nicht geredet. »Aber sonst ...«, beenden Sie den kurzen Smalltalk auf der Straße, »aber sonst ist noch alles o.k.!«

2

WARUM ERTRAGEN MÄNNER DAS?

Wer ahnt es insgeheim zuerst – *er* oder *sie*? Ein Paar jenseits der Silberhochzeit betritt ein Kaufhaus. Der Mann wird politisch korrekt und überaus höflich bei der Anprobe als »Herr im fortgeschrittenen Alter« angesprochen und von der Werbung als »Best Ager« oder »Silver Liner« umschmeichelt. In Wirklichkeit und Wahrheit jedoch kriegt er das Etikett »alter Sack« verpasst. Nicht ausgesprochen, versteht sich. Aber im Bruchteil einer Sekunde von Mitfahrenden im Stadtbus und von Kassiererinnen im Supermarkt über die Altherrenglatze hinweg in die Luft gebeamt: Alt. Opa. Etwas unbeholfen. Meistens mürrisch. Im schlimmsten Fall »herrisch«(!), in guten Momenten »irgendwie süß«.

Merken es die Damen und verschweigen es höflich? Oder merken es auch die Herren, ignorieren es aber tapfer? Es mag daran liegen, dass »heutzutage in einer U-Bahn, besetzt mit zugestöpselten, Röntgenblicke durch die Wände schickenden Gelegenheits-Autisten es ja sowieso oberstes Gebot ist, dass man einander für unsichtbar hält, dass man sich nicht sieht und nicht hört«[1]. Auf Männer über 50 scheint dieses Gebot in verschärfter Form Anwendung zu finden. Gar nicht ablehnend, aber auch nicht interessiert, entscheidet sich zwischen zwei Lidschlägen, zu welcher Gruppe man(n) gezählt, gerechnet und abgeschrieben werden kann. Bei den jungen Geschniegelten an der Hotelrezeption und den jungen Strubbeligen am Fastfood-Counter »schaffen wir Alten es nur noch bis zu ihrer Netzhaut. Der Raum dahinter, wo das Sehen anfängt, bleibt uns verschlossen. Wir werden unsichtbar. Wir sind ihnen wie Laternen, Litfaßsäulen und Hydranten. Gegenstände, die man bemerkt, um ihnen auszuweichen.«[2]

»Frisch gebackene« Rentnerinnen und Rentner (ein unfreiwillig komisches Wort. Rentner kommen nicht ausgebrannt und schlapp, sondern frisch und knusprig aus der Hitze des Arbeitslebens) schwärmen in den Wochenendbeilagen der Tageszeitungen davon, wie fit, wie aktiv, wie gesellig sie sind. Beschreiben begeistert, wie lustvoll (ganz wichtig!) und genussvoll sie Möbel restaurieren, Tango tanzen lernen, Malkurse besuchen, Halbmarathon laufen, Berge erklimmen und Weltmeere durchkreuzfahren. Wo sie ja jetzt »endlich nicht mehr arbeiten müssen«, »endlich ihr eigener Herr sind«, »alle Zeit der Welt für etwas Sinnvolles haben«! Die Texte platzen vor Lebensfreude und strotzen nur so von Vitalität. Aber seltsam: Direkt daneben und zwischen all den Erfolgsberichten stehen Anzeigen der Pharmaindustrie. Empfehlungen für Salben gegen Gelenkschmerzen, Tabletten gegen Harndrang und Konzentrationsschwäche, Treppenlifte für Gehbehinderte. Denn weder im redaktionellen Text noch in den Anzeigen steht: 66% aller Spät-Scheidungen werden *von Frauen eingereicht*. Die Damen sind nach mehr als einem Vierteljahrhundert Ehe offenbar zunehmend unzufrieden mit ihren alternden Männern. Und die mit ihrem Körper. Aber darüber reden sie höchst ungern. Mit wem auch?

Hat es je ein Mann jenseits der 50 an einem Zeitungskiosk oder in der Bahnhofsbuchhandlung bemerkt oder gar beklagt, dass monatlich mehrere tausend Seiten schönster Hochglanzmagazine davon handeln, was *Frauen* nach der Berufs- und Familienarbeit machen? Kochen, Festtafeln dekorieren, Stoffe drapieren, Kleider schneidern, Sticken, Häkeln, Batiken, Malen, Töpfern, Gärten anlegen, Gemüse ziehen, Rosen züchten, Blumen stecken, Schmuck löten,

Schminken, Frisieren, Gesund bleiben, und überhaupt-wie-in-einem-Rosamunde-Pilcher-Roman-leben? Toll! Glückwunsch. Und was machen Männer nach der Erwerbstätigkeit so? Kaum der Rede wert, jedenfalls nicht der auflagenstark Gedruckten. Wenn Herr Rentner nicht zufällig angelt, jagt, segelt oder Zierfische züchtet, kann kaum ein Fachmagazin von seinen Hobbies leben.

Nein, alte Männer beklagen ihren Bedeutungsschwund im öffentlichen Leben nicht. Die Krisen ihrer vom Rollenwandel belasteten Ehe nicht. Die Gefährdung ihrer psychischen Stabilität schon gar nicht. Es mag dafür so viele Gründe geben wie alte Männer, Millionen wahrscheinlich. Zu den Ritualen intellektueller Redlichkeit in der Postmoderne gehört es, vorneweg zu beteuern, dass es »den« im Folgenden beschriebenen Typen sowieso nicht gibt. Und dass auf jede vermeintlich symptomatische Beobachtung hundert Ausnahmen und Gegenbeispiele folgen. Schon recht. Soll sein, soll alles sein. Darf ich trotzdem einige Vermutungen zur öffentlichen Diskussion stellen und den Paaren für das gemeinsame Gespräch empfehlen?

Alte Männer beklagen nichts, weil sie nicht glauben können oder wollen, dass ihre Selbstwahrnehmung und ihre Außenwirkung zwei verschiedene Paar Schuhe sind. Gegen alle theoretische Vernunft und praktische Erfahrung halten die meisten an einem seltsamen Dogma fest: Die Welt müsse sie so sehen, wie sie sich selbst sehen. Müsse in ihnen den »Junggebliebenen« erkennen, den unverwüstlichen Mick-Jagger-in-uns-allen. Wer sich geistig, seelisch, sozial und kulturell so fühlt, als habe sich eigentlich kaum was geändert, seit er Ende Dreißig ist – der geht stillschweigend auch davon aus, das müssten die anderen auch von ihm denken. Das gilt vermutlich übrigens auch für Frauen im »Altweibersommer« des Lebens. Sie selbst zählen sich keinesfalls zu jenen »alten Leuten«, die da gerade aus dem Touristenbus steigen. Kaffeefahrt, Stadtrundfahrt, Gott, wie peinlich! Diese breiten Sandalen in undefinierbarem Grüngrau. Diese Faltenröcke mit Stretchbündchen. Das Strickjackengeschwader im Formationsflug. Sogenannte »freche« Föhnfrisuren mit Strähnchen in Aubergine. Und die Herren? Diese Anglerwesten mit achtundzwanzig klettverschließbaren Außentaschen. Diese Hemingway-Gesichter mit einem Blick wie Winnetou. Die Hosen aber haben Bügelfalten. Vom Museumseingang her ruft eine Frauenstimme »Kommst Du endlich?!« und schon trollen sie sich. Gehör' ich zu denen? Niemals! »Ich sperre mich instinktiv gegen den Gedanken, dass wir außer dem Geburtsdatum etwas gemeinsam haben könnten«.[3]

»Man ist so alt, wie man sich fühlt« – dieser Spruch ist dumm. Weil man(n) oder frau sich morgens wegen körperlicher Beschwerden manchmal oder sogar häufig *älter fühlt* als man tatsächlich ist. Und weil es die Deutungshoheit der eigenen Wirkung von den Betrachtern auf den Betrachteten verlagert. Vom Objekt aufs Subjekt. Trotzdem haben Soziologen den Satz wissenschaftlich gegengecheckt und geschlechterübergreifend festgestellt: »Die meisten Älteren nehmen sich ungefähr neun Jahre jünger wahr, als sie sind«[4]. Männer »fühlen« sich sogar um etwa 14 Jahre jünger und glauben, 8 Jahre jünger auszusehen.[5] Wenn das stimmt, wäre der »blinde Fleck« zwischen Eigenbild und Außenwahrnehmung etwa ein Jahrzehnt groß. Der Witz dazu lautet so: Im Wartezimmer eines Zahnarztes liest der Patient auf den Urkunden an der Wand einen Namen, der ihm bekannt vorkommt. Hieß nicht ein schlanker, schwarzgelockter, flinker Junge in seiner Schulklasse so? Als mit bedächtigen Schritten ein korpulenter, glatzköpfiger Dentist das Behandlungszimmer betritt, denkt der Patient: »Aha, nein, dann ist er das nicht.« Beim Lesen der Patientenkarte stutzt der Zahnarzt. »Kann es sein, dass wir Anfang der 70er Jahre zusammen auf dem Hölderlingymnasium waren?« »Ja!« nickt der Patient. Der Zahnarzt lächelt: »Und welche Fächer haben Sie damals unterrichtet?«

Im realen Alltag funktioniert der blinde Fleck so: *Er* hält sich für einen gern gesehenen Stammgast im Edelitaliener und möchte die beiden ehemaligen Kollegen dorthin ausführen, wo ihn der Padrone – so hofft er – vom gemauerten Holzkohle-Steinofen aus mit Vornamen begrüßen wird. Wo man jede Weinempfehlung mit einer persönlichen Erfahrung kommentieren kann und die Preise zwar an der Obergrenze, aber grade noch bezahlbar sind. *Die jungen Kellner* sehen in dem Altherrentrio drei Restaurantgäste, die bei der Getränkeaufnahme erst umständlich ihre Lesebrillen suchen, dann »herrisch« Bestellungen aufgeben, das erste Glas Wein mit ebenso bedauernder wie bedeutungsvoller Miene zurückgehen lassen (»korkt!«) und schließlich wegen der abgedimmten Beleuchtung die Herrentoilette nicht finden. Und auf dem Rückweg, die letzte Treppenstufe übersehend, beinahe stürzen. Jeder Kellner auf Erden weiß, was das ist: Die heikle Kundschaft: männlich, über 50.

Alte Männer beschweren sich nicht, weil sie ihre tatsächliche Seelenlage weder benannt noch behandelt haben wollen.

Schon gar nicht im Opfer-Modus oder unter dem Verdacht der Hilfsbedürftigkeit! Das scheint mir der markanteste Unterschied zu Frauen gleichen Alters zu sein, denn die finden zeitweilige Hilfsbedürftigkeit keineswegs ehrenrührig. Das Beispiel wiederholt sich so oft, dass es zum gern erzählten Klischee geworden ist. Wohl verdeutlicht es exakt die Gefühlslage: Männer fahren lieber in die Irre, als nach dem Weg zu fragen. Kein Navi und kein Stadtplan können helfen, wenn Frau Beifahrerin nicht genau weiß, ob die Mülheimer Straße vielleicht Mühlweiler Straße, Weilmühler Weg oder Wegheimer Mühle heißt. »Frag' doch jemand!«, sagt sie dann so einfach. Das aber geht aus vier Gründen nicht: 1. Das Frage-und-Auskunft-Spiel wird mindestens zwei, drei Minuten dauern, während alle Fahrzeuglenker hinter dem Orientierungslosen denken »wieso fährt der Depp nicht?!« 2. Erfreuliche Ausnahmen widerlegen nicht die Regel, dass drei von fünf Passanten keine Ahnung haben. Sie sind selber ortsfremd, der deutschen Sprache nicht mächtig oder wegen mitgeführter kläffender Hunde nicht zu verstehen. Sagt ein Fußgänger kurz und knapp »weiß' ich nicht!«, hat der ratlose Autofahrer noch Glück. Paare eröffnen meist eine lebhafte Diskussion untereinander, unterbrechen und widersprechen sich, wo das gesuchte Ziel denn nun sei. 3. Sagt ein Einheimischer »ja, weiß ich«, beginnt er meist zu gestikulieren. Dabei entstehen sogenannte Text-Bild-Gegensätze. Sein Mund sagt: »an der, äh, zweiten Ampel«, während seine gespreizten Finger bis fünf zählen, »biegen Sie links ab«, und sein Arm rudert nach rechts. Wem soll man glauben – dem Bild oder dem Ton?

Jemanden fragen zu müssen, kommt Männern einer Niederlage gleich. Ich hab es nicht alleine gekonnt, ich bin zu blöd, ich bin am Ende mit meinem Latein, bitte helfen Sie mir. Eine unerträgliche Demütigung! Ärgerlicher jedenfalls als eine wiederholte Stadtrundfahrt oder die rätselhafte Ankunft zwischen Fabrikruinen und Lagerhallen. Dass Frauen viel früher und meist ganz unkompliziert um Hilfe bitten, meint nicht, dass sie rechtzeitiger am richtigen Ziel ankommen. Aber es bedeutet, dass sie entspannter dort ankommen!

Bei Zugfahrten werde ich gelegentlich Zeuge, wie die meist jungen ICE-Zugbegleiter und Zugbegleiterinnen bei älteren Männern den Opfer-Modus und das Gefühl der Hilfsbedürftigkeit tunlichst vermeiden. Ich wüsste gern, ob sie das in der Ausbildung lernen oder per Begabung können. Man hört förmlich, was hinter ihren Stirnen gedacht wird: »Vorsicht, Graukopf. War mal richtig mächtig. Fühlt sich auch noch so. Mag es nicht, kontrolliert zu werden. Wird aber lockerer, je ernster Du ihn nimmst. Heb' ja nicht seinen schweren Koffer in die Gepäckablage. Das macht er immer selber. Nur heute nicht, Ischias oder so. Biete ihm Kaffee an, bevor Du den Fehler im Routenverlauf seiner Fahrkarte korrigierst.« Das Gegenteil solchen Schongangs lässt sich beobachten, wenn der ältere Herr mit seiner Frau oder gar im Kreise mehrerer – meist ähnlich betagter – Damen Zug fährt. »Lass den Koffer lieber da stehen!« »Ist das überhaupt Dein reservierter Platz?« »Ich hab' Deine Fahrkarte sicherheitshalber in meine Handtasche genommen.« »Ist Dir nicht zu warm in der Jacke?« »Soll ich Dir einen Apfel schälen?« Jüngere Mitreisende würde es »nicht wundern, wenn die Frau ihren Mann auf den Schoß nähme und ihm den Rücken klopfte, bis er ein Bäuerchen macht«. Das ist satirisch übertrieben, sicher. Aber mit dem üblichen Körnchen Wahrheit drin. Denn schon bald sinkt der rundumversorgte Entmündigte in ein gesegnetes Nickerchen.

Alte Männer ertragen das Meiste klaglos, weil sie sich nostalgisch in die Situation ihrer Berufstätigkeit zurücktagträumen. Beide kleinen Schwächen – die Divergenz zwischen Selbstwahrnehmung und Außenwirkung sowie das Kaschieren der eigenen Hilfsbedürftigkeit – wurden im Berufsleben ja praktischer Weise korrigiert. Dass man von den Geschäftspartnern für kompetent, einflussreich und erfahren gehalten wurde, war an erfolgreichen Vertragsabschlüssen, an tragfähigen Geschäftsbeziehungen und letztlich an der Jahresbilanz der Firma ablesbar. Hatte man sich in seiner Wirkung auf andere getäuscht, in seiner Kompetenz überschätzt, an einer Herausforderung verhoben – gab's vom Chef was auf die Ohren, dann eine berufliche Fortbildung, im schlechteren Fall ein neues Aufgabengebiet und schlimmstenfalls die erste Abmahnung. Ob man als One-Man-Show im Alleingang ein Projekt stemmen sollte oder lieber die Fachkollegen »zu Hilfe bitten«, war unter den gewandelten Bedingungen einer modernen Dienstleistungs- und Kommunikationsindustrie sowieso klar: »Elf Freunde müsst Ihr sein.« Dieses Fußballmotto galt auch für Produktion, Marketing, Vertrieb und Verwaltung. Und weil man nur als »Netzwerk« eine Chance auf Erfolg hat, ließen sich gelegentliche Rat- und Hilfsbedürftigkeit sogar als »Teamfähigkeit« verkaufen, als honorige Demut, als Beweis freundlich bescheidener Kollegialität.

Genial am Berufsleben war außerdem: Es funktionierte als Korrektiv *und* als Würde-Tanke! Und zwar gleichzeitig. Wa-

ckelte je das Selbstwertgefühl (und dafür bietet das Famili-
enleben mit heranwachsenden oder erwachsenen Kindern
reichlich Gelegenheiten), gab's spätestens am Montagmorgen die Fahrt im Dienstwagen zum reservierten Firmen-
parkplatz, das ehrerbietige Kopfnicken des Pförtners, das
Namensschild an der Tür, die sorgfältig-nachlässig frisierte
Vorzimmersekretärin und den vertrauten eigenen Schreib-
tisch. Für mittelständische Handwerker: Den vertraut
riechenden Blaumann vom Haken, den aufgeräumten
Werkzeugwagen und den erfreulich blinkenden Anrufbe-
antworter mit neuen Aufträgen. Trotz allen Ärgers, trotz
schwieriger Zeiten, trotz aller Flüche in der Kantine: War
das Betriebsklima nicht gerade unterirdisch und die Abteilung nicht von Mobbern und Idioten bevölkert, erwies die
Berufstätigkeit der eigenen Seele meist einen wunderbaren
Dienst: als Würde-Tanke und Gemüts-Oase. Doch damit
ist es bald vorbei. Bei Führungskräften großer Betriebe bisweilen bereits ab 55. Ab 62 oder 65, spätestens mit 67 – für
immer vorbei. Dann müssen die Partnerin, die Kinder und
Enkel, die Freunde zur Gemüts-Oase werden, die den See-
lenvorrat an Bestätigung und Selbstwertgefühl auffrischen.

3

KLEINER ÄRGER, GROẞE KRÄNKUNG

»Seitdem mein Mann morgens nicht mehr aus dem Haus geht ...« Der Gesichtsausdruck, mit dem eine Frau das sagt, ist derselbe, mit dem sie vor rund dreißig Jahren sinngemäß sagte: »Kleinkinder sind ja so süß! Machen aber auch unglaublich viel Dreck.« Eine Lebensform, die sie sich jahrelang gewünscht hatte und *im Prinzip und grundsätzlich* beglückend fand, brachte *konkret* und im alltäglichen Kleinklein ungeahnte, zeitweilig schier untragbare, Belastungen mit sich. Warum huschen ihr jetzt manchmal, zwischen Hinlegen und Einschlafen oder zwischen Aufwachen und Aufstehen Erinnerungen an ihre Jahre als junge Mutter über die Seele? Warum laufen sie ihr, an schlechteren Tagen, tatsächlich als »Laus über die Leber«? Ihr Mann ist doch kein Kind, das betreut werden müsste! Mehr Zeit füreinander haben. Mehr miteinander unternehmen. Mehr gemeinsam erleben. Schon vor knapp 15 Jahren empfanden »nur 3% der Paare den Ruhestand als Bereicherung ihrer Beziehung«.[6] Demnach konnten 97% nicht feststellen, dass mehr Zeit füreinander automatisch mehr Glück miteinander bedeutete. Warum nicht?

Das Leben zu zweit besteht – hoffentlich meistens oder zumindest in den nachdenklich-romantischen Momenten – aus dankbarer Wertschätzung all des Guten, Wahren und Schönen, der verlässlichen Treue und der verständnisvollen Nachsicht, die Mann und Frau füreinander aufbringen. Manchmal sind wir rundum glücklich, loben einander und bedanken uns für das gute Umsorgtsein und alles Verzeihen, kurz: für das Wunder einer tragfähigen Liebe bis ins Alter. In zahlreichen Stunden der vielen anderen Tage aber besteht das Leben auch aus lästigen Kinkerlitzchen und kleinen Ärgerlichkeiten. Wie lange jemand im Bad braucht und warum Zehennägel auf dem Fußboden den barfüßig Nachfolgenden ekeln. Wieso zusammengeknüllte nasse Handtücher nicht trocknen, sondern müffeln. Dass der Rest der Gemüsesuppe nicht in den Kühlschrank gestellt wurde. Und wie man sie jetzt entsorgen soll, ohne den Abfluss zu verstopfen. Wieso auf sämtlichen freien Flächen der Wohnung etwas steht. Wie lange die Rechnung von der Firma Dings hier schon liegt. Dass Klopapier auf der Papprolle kein nachwachsender Rohstoff ist. Wer die Mülltonnen so dämlich rausgestellt hat, dass sie zwei Parkplätze blockieren ... Der alte Mann entdeckt jetzt das Mehr. Wie viel mehr Haus- und Familienarbeit erforderlich ist, als er dachte. Seine Frau entdeckt jetzt mehr an ihrem Mann. Wie viele kleine, anfangs putzige, später nervige Schrullen und Gewohnheiten ihm eigen sind, die seine berufliche Ganztagsabwesenheit gnädig gemildert hatte. »Von solchem Alltagsklein aber reden all die geistig-topfitten Renten-Ratgeber und strahlend-erholt-aussehenden Alters-Experten nicht, wenn sie die Vorstellung verbreiten, das Alter sei auch eine ›Chance‹. Wobei unerfindlich bleibt, wofür. Im Fernsehen entsteht eine neue Sorte Kleinstdarsteller zum Thema Alter. Gutbetuchte, hochbetagte Mitbürger preisen sprachgewandt und für gutes Geld die Segnungen des Alterns. So reden Menschen mit vollem Beutel und eiserner Gesundheit. Wer das Alter preist, hat ihm noch nicht ins Gesicht gesehen«, wettert TV-Journalist Sven Kuntze.[7] Andere halten unbeirrt den erwünschten Kurs des positiven Denkens: »Die partnerschaftliche Kooperation mit Frauen wird verstärkt geübt. Es gilt die Formel: Weniger Mann, mehr Mensch.«[8] Eine unfreiwillig verräterische Formel. Als Mann im Beruf war er manchmal unmenschlich, jetzt, als Rentner und hier zu Hause »ist er Mensch, hier darf er's sein«, wie Goethes Faust beim Osterspaziergang. Wirkt der Mann also umso menschlicher, je unmännlicher er sich gibt?

Schauen wir uns die »partnerschaftliche Kooperation« einmal genauer an. Natürlich erwartet niemand – er am allerwenigsten –, dass die Frau des Hauses jahrzehntelang bewährte Arbeitsweisen, lieb gewordene Gewohnheiten, gut geölte Abläufe und Handgriffe über Nacht ändert, nur weil ihr Mann neuerdings auch Zeit dafür hätte. Warum sollte sie ihm Saftpresse und Teig-Rührgerät, Waschmaschine, Tümmler und Kühltruhe, die korrekte Entnahme des Beutels aus dem Staubsauger, das Entkalken des Spülautomaten sowie die Reinigung des Backofens, die Verwendung von Möbelpolitur im Wohnzimmer und Essigreiniger im Bad lang und breit erklären? Bei ihr klappt das schließlich aus dem FF und ist in kürzester Zeit erledigt. Erst wenn *sie* erschöpft oder krank, wenn sie teilzeitberufstätig oder länger verreist ist und *er*, aus Notwendigkeit oder Neugier, plötzlich Interesse an bisher ungeübten Tätigkeiten zeigt – dann zeigen sich Konflikte, die nur scheinbar alltagsbanal und oberflächlich sind, weil sie zu Haarrissen, zu winzigen Bruchlinien des Selbstbewusstsein werden können. Und schlicht demütigend sind.

Die alte Kaffeemaschine mit weißer Thermoskanne unter dem Filter sah fleckig vergilbt und irgendwie versifft aus. Die schicke schwarzsilberne Espresso-/Cappuccino-Maschine, die sie sich vor fünf Jahren gekauft hatten, machte pro Tasse den Lärm eines startenden Jumbojets. Jetzt, zum 30. Hochzeitstag, möchte er seine Frau mit einem niegelnagelneuen Kaffeeautomaten überraschen, der die

Bohnen leiser zerkleinert und alles kann: Latte Macchiato, Cappuccino, Espresso, Kaffee mild, Kaffee stark – einfach alles. Das Konfigurieren der Programme »Vorbrüh-Aroma«, »Rapid Steam« und »Spülen/Entkalken« erfordert die sorgfältige Lektüre einer knapp 80seitigen Gebrauchsanweisung. Er hat sie gelesen. Er hat alles ausprobiert. Das Gerät schweigt. Und blinkt. Ihm kommt in einer Aufwallung ohnmächtiger Wut in den Sinn, wie oft er beim Online-Buchen von Eintrittskarten und Zugfahrkarten schon «fehlerhafte Eingabe«, »Passwort vergessen?« oder »Die Seite kann nicht angezeigt werden« auf dem Bildschirm lesen musste. Dass er bei Geldüberweisungen Zahlendreher eingetippt hatte und neulich bei IKEA die bestellten Möbelteile im Hochregallager einfach nicht finden konnte. Beim Hochzeitstag-Frühstück – den Pulverkaffee hat er nach alter Väter Sitte mit kochendem Wasser in einer Filtertüte aufgebrüht – zeigt ihm seine Herzallerliebste, wie man die elektronische Uhr des Backofens einstellt, damit die Brötchen kross werden. Dies und vieles andere mehr *ein Mal* gezeigt zu bekommen, ist normal. Beim zweiten Mal knifflig, beim dritten Mal eine Demütigung. Die Frage »wann kapiert er es endlich?« (wo er doch in seiner Firma ganze Walzwerke ans Laufen brachte!) ist schwer zu beantworten. Schließlich sind manche Geschicklichkeiten in der Küche ja nicht eindeutig »richtig« oder »falsch«, sondern buchstäblich Geschmackssache: Wie man eine Zwiebel häutet, klein würfelt, aber nicht quetscht, glasig anbrät, aber nicht verbrutzelt – darüber kann einem der Appetit vergehen. Einem? Nein, beiden.

Ich habe schätzungsweise drei Dutzend Männer gefragt, ob sie nach ihrer Pensionierung ein Hobby neu entdeckt oder erstmalig angefangen hätten. Die Hälfte von ihnen sagte spontan: »Ja, Kochen!« Nachfrage: Tun Sie das gemeinsam mit Ihrer Frau? Antwort: »Nein, geht nicht. Ich will ja kochen, nicht diskutieren.« Das klingt für Frauen wenig schmeichelhaft und ehrt die wenigen fröhlichen Ausnahmen umso mehr. Es gibt harmonisch eingespielte Küchen-Duos, die vom Einkauf der Zutaten bis zum Servieren der Desserts alles perfekt aufgeteilt haben: Du machst den Salat, ich die Beilagen, Du das Fleisch, ich die Sauce, Du den Nachtisch, ich die Getränke. Glückwunsch, wenn es bei Paaren so ist. Die Regel ist es nicht. Und die Gründe liegen auf der Hand. In der Betriebskantine und beim Essen in der Mittagspause werktags daheim ging es um Nahrungsaufnahme. Mit irgendwas musste man sich ja »stärken«. An den Wochenenden ging es um Spaß. Beim Kochen und beim Essen. Es ging natürlich auch um die staunenden »Oohs« und »Aaahs« der Freunde und Gäste. Mit sorgfältig vorbereiteten Lamm-Quarrees in Kräuterkruste und einem reduzierten Balsamico-Fond an Entenbrust konnte man Eindruck schinden, konnte Ehre einlegen und – das denkbar Beste von allen Festen – die eigene Gattin ein bisschen stolz machen auf ihren Mann! Hinterfragt man allerdings die Handlungsmotive, wäre womöglich anzumerken: Nicht aus Fürsorge für seine Gäste kocht der Mann (»schmeckt's Euch denn?«), sondern aus Vorsorge für seine Anerkennung (»na, kann ich das?!«).

Jetzt, im unendlich gedehnten Wochenende des Ruhestands, soll Kochen und Essen auch werktags Spaß machen. Und gut sein! Man hat ja ausreichend Zeit dafür. Blöd nur: Im Alltag gibt es nicht halb so viel Lob und Anerkennung dafür wie zuvor. Auch simple Erkenntnisse können überraschen. Je öfter und regelmäßiger jemand kocht, umso selbstverständlicher und unbemerkter wird sein Mühewalten. Für die jahrzehntelang zwischen Herd und Esstisch kreisende Familienfrau ist das ebenso selbstverständlich wie das schwäbische Sprichwort »Nicht gemeckert ist genug gelobt«. Für den kochenden Neu-Rentner ist es möglicherweise eine herbe Motivationsbremse. Und ein Grund, zu den Essgewohnheiten des Berufslebens zurückzukehren: Gut ist, was schnell geht. Hatte seine Frau ihn nicht erst gestern dafür gelobt, dass er schnell den Müll entsorgt, mal eben schnell den Teppich gesaugt und schnell noch das Fahrrad repariert hatte? Nur wenn er »schnell was warm macht«, lobt sie ihn nicht.

Auf *sie* wirkt dieser neue »Platz-da-jetzt-koche-ich«-Mann unbewusst zunächst grenzüberschreitend und zudringlich. Sie freut sich über sein Interesse, ja sicher, sie ermutigt seine Neugier und Experimentierfreude, sie lobt vielleicht sogar seine Vorgehensweise und das leckere Ergebnis – trotzdem ist da jemand in ihren angestammten Kompetenzbereich eingedrungen, will sich Grund und Boden eines Erbhofes aneignen, mischt sich ein und bringt alles durcheinander. Um nicht missverstanden zu werden: Ich meine nicht die Denke der 60er Jahre, als Töpfe und Pfannen in TV-Werbespots noch ins »Reich der Frau« empfohlen wurden, das vielzitierte Heimchen-am-Herd als Vorbild galt und siegreiche Frauenfußballerinnen ein Kaffee-Service geschenkt bekamen. Nein, nein. Paare, die heutzutage in ihren 60er Lebensjahren stehen, haben meist ein weitgehend beiderseitig berufstätiges und damit partnerschaftlich geteiltes (Haushalts-)Leben hinter sich. Trotzdem – und erst recht, wenn bis vor kurzem noch Kinder im Haus versorgt wurden – »fühlt« sich die Mehrheit der Frauen zuständiger, verantwortlicher und vor allem kompetenter im Haushalt. Zu hören bekommt das der haushalts-hilfswillige männliche Partner, wenn die Instruktionen seiner Frau wie Naturgesetze klingen: »Es ist immer so, dass ...« »Man macht das ...«, »Man muss das ...« oder »Es wird normalerweise ...« Also nicht subjektiv oder gar verhandelbar sind: »Meiner langjährigen Erfahrung nach, Schatz, und der solltest Du vertrauen, geht es am besten wie folgt ...«, sondern objektiv und unerbittlich. Alternativlos eben. Zu spüren bekommt der neuerdings ganztägig haushalts-verfügbare Mann dabei, dass nicht alle Tätigkeiten gleich und schon gar nicht gleich gültig sind. Offenbar haben Dinge, die auf den ersten Blick völlig banal erscheinen, im Lauf der Jahre – von ihm natürlich unbemerkt – ein Ranking durchlaufen. Lebensmittel einkaufen z.B. ist viel höher angesiedelt als den Wagen zur Inspektion bringen. Mit viel Zeit und Muße tolle Geburtstagsgeschenke für die Kinder auszusuchen hat einen höheren Stellenwert als eine passende externe Sicherungsfestplatte für den Computer zu finden. Frühstückskrümel nicht mit der flachen Hand auf den Teppich zu wischen, sondern in die kleine Tischhandfegerschaufel bringt vormittags mehr Punkte als abends. Das Füllmaterial von zerbrechlichen Gegenständen aus Postpaketen nach Styropor und Pappe zu trennen, die Pappe und das Altpapier von Plastikbanderolen zu befreien, den Plastikmüll vom Lebensmitteleinkauf von kompostierbaren Essensresten und diese wiederum nach schnell faulenden und lang haltbaren zu unterscheiden – das ist in manchen Ehen »gefühlt« wichtiger, als die EC-Karte von der Kreditkarte und den Führerschein von der Zulassung unterscheiden zu können.

Selbstverständlich ordnen auch Männer ihre Tätigkeiten im Haushalt nach einer inneren, meist unbewussten Prestige-Hierarchie. Es gibt Aufgaben, deren Erledigung bringt schnelle und dankbare Anerkennung (Spinnen entfernen, Rasen mähen, bevor es regnet, Klo putzen, Behördenformulare ausfüllen). Es gibt Aufgaben, deren Erledigung bemerkt kein Mensch (Schlafzimmer saugen, Keller entrümpeln, Altkleider aussortieren). Und, noch schlimmer, es gibt Aufgaben, die bringen Ansehensverlust. Erst recht, wenn jemand zuschauen könnte. Als »unbeliebteste Haushaltätigkeit« nannten österreichische Familienväter 2005 »Fensterputzen außen«.[9] Warum Fensterputzen außen? Ganz einfach: Vorbeigehende Frauen denken »das wird ja doch nicht sauber«. Vorbeigehende Männer denken »die arme Sau«.

Bittet *sie* ihn nun um die Erledigung einer Aufgabe, die bei *ihr* hochrangig notiert ist, bei *ihm* aber ganz weit unten rangiert – dann macht sich aus dunklen Herzenshinterhöfen eine Nachfrage auf den Weg, die es hoffentlich nicht bis über die Lippen schafft: »... oder ist das unter Deiner Würde?!« Unter seiner Würde? »Nein, natürlich nicht! Was gemacht werden muss, muss gemacht werden« lautet die einzig mögliche Antwort. Und warum auch nicht? *Sie* hat das schließlich jahrzehntelang auch klaglos gemacht und Haushaltätigkeiten nach »niederen« weiblichen und »höheren« männlichen zu sortieren wäre ja noch schöner. Nein, natürlich ist nichts unter seiner Würde. Die Antwort ist ein bisschen gelogen. Denn während er hinter sich bringt, was unausweichlich ist (z.B. die Bodendeckerranken im Vorgarten abschneiden, damit sie nicht auf den Bürgersteig wuchern, und zuvor noch die Biomülltonne von innen ausspritzen), gehen ihm ein paar sehr vernünftige Gedanken durch den Kopf und ein paar sehr unvernünftige Gefühle durch den Bauch: Würde? Meine Güte, was heißt schon Würde? Du hast Dich im Job so oft zum Affen gemacht, da kommt es auf diese Nummer zu Hause auch nicht mehr an. Du hast Zeit, Du bist da, es muss gemacht werden, also zick' jetzt nicht rum und schluck' Deinen Stolz. Du bist Rentner. Drüben im Stadtpark fragt ja auch keiner mehr, ob da ein pensionierter Generaldirektor oder ein pensionierter Pförtner die Enten füttert. Das Bauchgefühl aber sagt: Im Job wurde die Würde durch Geld geregelt. Fürs Laub fegen auf dem Hof warst Du einfach zu teuer. Und was Überwindung kostete, ließ man den Kunden was kosten. Wer alles macht, hat alles mit sich machen lassen ... Hin- und her schwankend zwischen Verstand und Gefühl, Einsicht in das Notwendige und Auflehnung gegen das Unangenehme, keimt in ihm ein heimlicher Wunsch: Dass jemand – am besten natürlich seine Beste – respektieren möge, wie viel Überwindung es ihn kostet. Dass sie nicht die erledigte Aufgabe an sich würdigen möge, sondern die Tatsache, dass diese Aufgabe bis vor kurzem noch tatsächlich »unter seiner Würde« gewesen wäre! Klingt kompliziert. Ist es auch. Und eitel ist es obendrein. Ist arg um die Ecke gedacht, wenn nicht gar lächerlich. Und deshalb beißt er sich eher die Zunge ab, als genau diesen Wunsch auszusprechen.

Noch verworrener werden die Fäden der kleinen Alltagsmissverständnisse, wenn *sie* aus dem Fenster schaut und ihren Mann mit der Blumenschere zwischen Bürgersteig und Rabatten herumkrabbeln sieht. Die umgedrehte Biotonne macht gerade eine Pfütze. Dass ihr seine Pensionierung und der damit verbundene Status- und Rollenverlust nichts ausmache, hat sie ihm selbst, hat sie den Kindern, hat sie allen Verwandten und Freunden gegenüber oft beteuert. Nein, beim Gedanken an den Ruhestand mache sie sich ausschließlich Sorgen um *ihn*. Ihr persönlich, also ihr als Frau, mache sein Berufsende nichts aus. Schon deshalb nicht, weil sie ihn ja bereits ein halbes Leben lang »nur so, als Mensch« geliebt habe. Das ist auch ein bisschen gelogen. So ganz ohne Berufsbezeichnung und Amtstitel, nur noch selten in Anzug und Krawatte, nie mehr mit Laptoptasche über der Schulter zu ihr hinauf winkend und dann von diesem Bürgersteig mit dem Dienstwagen davonbrausend – also da ist er schon, nun ja wie soll man sagen, ein bisschen weniger geworden. Er macht jetzt ein bisschen weniger her. Nicht als Mensch natürlich, das nicht, aber als ... Mann. Es gibt viele Eigenschaften, für die sie ihn von Herzen liebt. Eine davon ist, dass er im Beruf geschätzt, belohnt und belobigt, manchmal sogar ein wenig bewundert wurde. Von Vorgesetzten, von Kollegen, von Kunden und Geschäftspartnern. Jetzt fällt ihr auf, dass möglicherweise *sie* die einzige ist, die seine Leistungen noch zu schätzen weiß, sie belohnen und belobigen könnte. Von den Kindern und einigen nahen Freunden einmal abgesehen. Sie hat seinen beruflichen Ärger zu Hause abgefedert, sie hat Misserfolge mit erlitten, sie hat Pflichttermine mit ertragen und berufliche Vorteile mit genossen. Wenn ihm der Chef anerkennend auf die Schulter klopfte und der Abteilungsleiter zum Geburtstag ein kleines Präsent überreichte, fehlte nie der Spruch »hinter jedem erfolgreichen Mann steckt eine starke Frau«. Eine ausgeleierte Binsenweisheit, sicher. Aber ein bisschen gefreut hatte es sie schon. Da ist es doch bitteschön nicht verwunderlich oder verboten, dass sie auch ein kleines Stück ihres eigenen Ehrgeizes auf *ihn* übertragen hat? Mögen die Psychologen das »komplementären Narzissmus« nennen, so oft sie wollen.

Einen Rest »komplementären Narzissmus« gibt es übrigens auch bei *ihm*. Wenn er die Frage, wann und wie lange Freunde besucht oder eingeladen werden sollen, nach dem sozialen Prestige dieser Freunde priorisiert. Wenn also für berufstätige, wohlhabende, angesehene, einflussreiche Leute und sonstwie »vorzeigbare« Freunde mehr Zeit und Aufmerksamkeit eingeräumt wird als für die »bucklige Verwandtschaft«. *Sie* bemerkt eine solch unbewusste Rankingliste der Kontakte erst, wenn sie hört, wie ihr Mann Dritten gegenüber von diesen Kontakten erzählt. Bei Telefonaten z.B., die neuerdings ganztägig im Haus stattfinden und nicht mehr hinter geschlossenen Bürotüren. Wenn sie spürt oder zu spüren meint, dass da manchmal ein klein wenig Angeberei mitschwingt, wen er alles kennt und von wem er noch gekannt wird.

Wenn am Abend dieses Alltages der Bürgersteig rankenpflanzenfrei und die Kompost-Tonne von innen trocken ist; wenn irgendwas »schnell warm gemacht« wurde und die beiden am Esstisch sitzen – dann könnten sie sich über solche kleinen Kränkungen unterhalten. Dass *er* sich von ihr manchmal »klein gemacht« fühlt. Obwohl, paradoxerweise, *sie* sich ihn »größer« wünscht. Großzügiger vor allem. Souveräner. Die beiden könnten jetzt große Substantive deklinieren: Würde, Respekt, Achtung. Das kostet Überwindung, klar. Denn derjenige, der so etwas einfordert, ist immer in der schwächeren Position. In der Rolle der beleidigten Leberwurst, die doch bitteschön mehr

»gewürdigt« werden möchte. Ach Du liebes bisschen. Vielleicht sollte man Würde, Respekt und Achtung gar nicht einfordern müssen, sondern sie vorher bereits geschenkt bekommen. »Zuvorkommend« im Wortsinn bzw. in dem Sinn, wie der kluge Ex-Rabbiner und frühchristliche Theologe Paulus aus Tarsus es empfohlen hat: »Einer achte den anderen höher als sich selbst und komme ihm ehrend zuvor«.[10]

Wäre ein Gespräch darüber zu heikel? Ist die in Hochglanzmagazinen viel gepriesene »neue Entspanntheit im Ruhestand« bei vielen Paaren tatsächlich nur hauchdünnes Eis? Es existiert ein Unterschied zwischen »heilsamer Ehrlichkeit« und »schonungsloser Offenheit«. Ich mag das Wort »schonungslos« nicht, weil man Menschen mit wackligem Selbstwert nicht den Kopf waschen kann und wenn, dann nur im Schongang. Aber »ehrlich« werden miteinander muss ja nicht automatisch »verletzend« sein. Ein solches Gespräch könnte mit einer selbstkritischen Frage der beiden an sich selber beginnen: Glaube ich meinem Partner, was ich höre? Oder höre ich vom Partner nur, was ich glaube? – Bevor jemand in schlaflos verzweifelten Nächten daran denkt, eine Trennung vorzuschlagen, mag vielleicht ein nüchterner Blick auf Zahlen und Fakten hilfreich sein. Männer sterben zwar im Durchschnitt 7 Jahre früher als Frauen, aber die Sterberate von Witwern und Alleinlebenden ist fast doppelt so hoch wie die von gleichaltrigen verheirateten Männern. »Selbst eine unbefriedigende Ehe ist ein besserer Schutz gegen Depressionen als die Alterseinsamkeit«.[11]

4

JÜRGEN: PFANDRAISER UND PLATZHIRSCH

»Kannste nich meckan, wa?«, sagt der alte Mann und fingert zwei Literflaschen Cola aus dem Mülleimer. Rechts und links seines Fahrradlenkers baumeln bauchige ALDI-Tüten mit leeren Glas- und Plastikflaschen. Die Satteltaschen sind gestopft voll, die gespannten Schultergurte seines Rucksacks lassen vermuten, dass dieser schwer ist. Um den stoppelbärtigen Hals trägt der vielleicht Sechzigjährige eine schmale schwarze Halogen-Taschenlampe am Lederband, die Hände stecken in Arbeitshandschuhen. Auf dem blauen T-Shirt steht in Brusthöhe »I am a virgin«. Bei genauem Hinsehen entdecke ich darunter die kleingedruckte Zeile »This is a very old T-Shirt«. Er freut sich, als ich darüber lache.

Weiter hinten auf dem Bahnhofsvorplatz plötzlich heiseres Gegröle. Ich nehme es als Anlass zu der Frage, warum Fans des 1.FC Kaiserslautern die Fans von Mainz 05 hassen. Der Pfandmann zieht die Schultern hoch: »Wie Schalke und Dortmund ehm.« Und woher sein Berliner Akzent, hier, mitten in einer pfälzischen Großstadt? »Det verlierste nich.« Ob ich ihn beim Flaschensammeln ein paar Straßen weit begleiten darf, höchstens eine halbe Stunde? Da habe ich unsere kurz aufgeflammte Verbundenheit und sein Lächeln wohl etwas überstrapaziert: »Nee, ma bessa nich«, sagt er. Die heutige Tour sei eh zu Ende und, nee, Ärger gäbe es zwar nicht mehr, seit sie die guten Plätze aufgeteilt hätten, aber trotzdem – nee. »Wer ist ›sie‹?«, will ich wissen. Die, die Bahnsteige und Bahnhofsvorplätze, Bushaltestellen, Kioske und Sportplatzausgänge, Freibäder, Kaufhauspassagen und Fußgängerzonen untereinander aufgeteilt haben wie Erntefelder oder Jagdreviere? Er druckst unwirsch herum. Wenn ich seine Halbsätze richtig interpretiere, gibt es »arme Schweine, die sonst nüscht ham«. Wohnsitzlose, vermute ich. Dann gibt es »Fabrescha«, die Bahnreisende anbetteln, wahllos überall Pfandflaschen sammeln und jedem Prügel androhen, der das gleiche tut. Und es gibt »janz Normale«. Ganz normale alte Menschen wie er eben. Wie normal ist es, auf diese Weise Geld verdienen zu müssen, frage ich mich. Aber da kneift er schon die Augen zusammen, als hätte er meine Gedanken erraten: »Obwohl, ick müsste ja nich, wa.« Das scheinen ihm die anderen anzusehen. Dass er eigentlich nicht müsste. Seine braune Lederjacke über dem blauen T-Shirt, das 10-Gang-Fahrrad, die tadellosen Turnschuhe – vielleicht wird er bei seinen Streifzügen ja doch mal angepöbelt und will dann keinen Zuschauer bei sich haben, denke ich mir. »Sie müssten eigentlich gar nicht Flaschen sammeln?«, hake ich nach. »Nee. Bin ja so ne Art Rentna und jeh arbeeten.« Als er das gesagt hatte, wurde ich neugierig und ließ die Katze aus dem Sack. Dass ich gerade durch ein berüchtigtes Umsteigeloch im Fahrplan der Deutschen Bahn AG gefallen sei und nun 70 Minuten Aufenthalt hätte. Und dass ich für ein Buch über die Lage älterer Männer recherchiere und die Zeit gern nutzen würde. Er schüttelte den Kopf und winkte ab, war aber stehengeblieben. Wenn ich seinen Namen verfremden und die Stadt nicht nennen würde, dürfe ich ihn irgendwann einmal an seinem Arbeitsplatz besuchen, versprach er mir. Kramte ein halbwegs modernes Handy aus der Jacke und gab mir seine Nummer.

Dass es Rentner gibt, die reicher sind, als sie sich selbst fühlen, kann man im Reisebüro, im Autohaus und beim Notar feststellen: 80% aller Kreuzfahrten werden von Menschen ab 50 gebucht, 18 Milliarden Euro geben Rentner pro Jahr für

Reisen aus. Damit bestreiten sie fast 50% des jährlichen Gesamtumsatzes der deutschen Tourismusbranche. 80% aller Neuwagen werden von über-50jährigen gekauft. Und was an Grundstücken, Häusern, Eigentumswohnungen, Kunstwerken und sonstigen Sachwerten von den ganz Alten zu den jungen Alten wechselt, geht auf keine Kuhhaut.[12] Dass es Rentner gibt, die sich ärmer fühlen, als sie tatsächlich sind, sagen uns der »Sechste Altenbericht der Bundesregierung« vom Dezember 2010 und die »Antwort der Bundesregierung auf die große Anfrage der Abgeordneten Katrin Göring-Eckardt vom 29. Juni 2011, Drucksache 17/3139«. »Arm« ist nach den Kriterien der Organisation für wirtschaftliche Zusammenarbeit und Entwicklung, OECD, und nach den statistischen Erhebungen der Europäischen Union zu Einkommen und Lebensbedingungen, EU-SILC, jeder, der nach Abzug von Steuern und Sozialabgaben finanziell weniger zur Verfügung hat als 60% des bedarfsgewichteten mittleren Einkommens seines Landes. »Armutsgefährdet« sind Einzelpersonen in Deutschland ab 929,- € abwärts und Paare ohne Kinder mit weniger als 1.172,- € monatlich.

Pi-mal-Daumen einen Tausender im Monat – den allerdings haben 15,5% der über-65-jährigen *nicht*. Und das Deutsche Institut für Wirtschaftsforschung vermutete schon 2010, dass dieser Prozentsatz nach oben schnellen werde, weil die Durchschnittsrente bei Männern auf 800,- € und bei Frauen auf 700,- € sinken würde.[13] Entgegen anderslautenden Schreckensschlagzeilen muss hierzulande trotzdem niemand hungern und frieren: Mindestens 627,- €, meist 684,- € »Grundsicherung« gibt's vom Staat auf jeden Fall, eine Art Hartz-IV-für-Rentner. Aber: 2010 nahmen nur 2,5% der über-65-jährigen diese Grundsicherung in Anspruch! »97,5% aller Ruheständler haben eine ausreichende Versorgung!«, meinte deshalb Arbeits- und Sozialministerin Ursula von der Leyen vollmundig.[14] Diese Behauptung ist allerhöchstens halb richtig, denn eine unbekannte Zahl von Menschen, die lebenslang in Niedriglohnjobs gearbeitet haben, bekommen aus ihren dürftigen Rentenbeiträgen kaum mehr Rente als jene 627,- €, die der Sozialstaat als Stütze garantiert. *Dass* er die garantiert, sollte man weder den Regierenden noch den Empfängern zum Vorwurf machen. Die Ungerechtigkeit, dass jemand, der gearbeitet hat, im Alter genauso arm dasteht wie jemand, der nicht arbeitete – die *muss* man dem Gesetzgeber zum Vorwurf machen. Frau von der Leyen will diese »Gerechtigkeitslücke« mit einer »Zuschussrente« bis zu 850,- € monatlich ausgleichen. Was wiederum nur dann finanzierbar sein dürfte, wenn die Zahl der »working Poor« in Niedriglohnjobs nicht weiter rasant steigt.

Jürgen hat im Moment mit ganz anderen Gerechtigkeitslücken zu tun. Ich finde ihn Monate später an einem Samstag punkt zehn Uhr in jenem planierten, zersiedelten Niemandsland, das weder Wohnviertel noch Dorf noch Landschaft ist. »Vor den Toren der Stadt« hieß das früher; heute als »Gewerbegebiet« ausgeschildert. Ein umzäuntes Areal von etwa 10.000 Quadratmetern, das offiziell der »Grünabfallsammelplatz und Wertstoffcontainerhof« ist. Das Navi frisst solche Ziele jedenfalls nicht. »Abfallwirtschaftsbetrieb« steht hinten auf Jürgens leuchtend orangener Signalweste. Um seinen Hals hängt diesmal keine Taschenlampe, sondern eine Trillerpfeife und mit der Rechten stützt er sich auf eine Forke. Eine Autoritätsfigur, zweifellos. Jetzt ist mir auch klar, warum er einem zweiten Treffen zwischen uns zustimmte: Jürgen ist stolz, dass er hier arbeitet. Fünf Stunden jeden Dienstag und Sonnabend kontrolliert er, dass wirklich nur Grünabfall und Wertstoffe entsorgt werden. Also kein Plastik, keine Chemikalien, keine Datenträger oder Batterien. Das sehen nicht alle ein, die bis hier herausgefahren sind, und machen ihn, den Grundsicherungs-Rentner mit Minijob, für die akribischen Bestimmungen des Landratsamtes verantwortlich. Das findet Jürgen ungerecht, weil doch alles im »Müll-ABC« steht. »Schwarz uff weiß, sehense« und »Moment, junger Mann«, so was sagt Jürgen oft während dieser Stunden.

Sechs Container für Papier und Kartonagen, drei Altglascontainer, zwei abgestellte LKW-Auflieger für Metallschrott und ein kleinerer für Styropor stehen auf dem Gelände. Aber keiner für Elektroschrott, alte Bildschirme und ähnliches. Jürgen lässt mich stehen und steuert auf einen Audi A 6 zu, dessen Fahrer genau dies von der Rückbank holt: ein Kofferradio, ein Bügeleisen und eine Computer-Tastatur. Er muss sie wieder mitnehmen, darf aber stapelweise gefaltete Kartonpappe in den ersten geöffneten Container werfen. Jürgen drückt sie mit der Forke bereitwillig nieder. »Riesling« lese ich noch von weitem auf einem der Kartons, als ein BMW X1 mit einachsigem Anhänger auf den Platz fährt und hochgetürmtes Astwerk mitbringt. Erst jetzt bemerke ich vier große Hügel im hinteren Teil des Platzes. Einen wüsten Haufen grüner Baum- und Busch-Abfälle, einen kleinen Berg grob gehäckselter grünbrauner Pflanzenreste sowie zwei Haufen unterschiedlich brauner Erde. Fachkundig erklärt mir Jürgen, dass der Grünschnitt zunächst grob und nach einer gewissen Lagerungszeit fein gehäckselt werde. Heraus käme unerhitzte, also noch Unkraut enthaltende, und erhitzte, leicht übersäuert gedüngte Erde. »Virzisch Liter, zwee fuffzich der Sack«. Verstehe. Die Leute bringen Grünschnitt her und nehmen Blumenerde mit. Wieder spurtet Jürgen los. Aus dem winzigen Kofferraum eines Sportcabrios zieht eine Frau einen gelben Sack hervor, der ganz offenbar mit Gras gefüllt ist. Jürgen kann gerade noch verhindern, dass sie ihn ausleert, denn – wie ich später erfahre – gemähtes Gras verstopft den Häcksler, gärt und fault und suppt schließlich ins Grundwasser des unbefestigten Containerhof-Bodens.

In der Zufahrt des Platzes hat sich ein Stau gebildet, weil der BMW-Fahrer beim Rückwärtsrangieren mit Anhänger raumgreifend quersteht. Ich schaue die kurze Autoschlange entlang: Daimler A-Klasse, Daimler R-Klasse, Audi Kombi, VW Tiguan mit getönten Scheiben. Im Laufe der folgenden Stunde sehe ich noch einen Porsche Cayenne, zwei blaue Volvo Kombi und einen Daimler Viano. Wenn's keine »Sport Utility Vehicles« oder sonstig hochgebockten Edeltraktoren sind, dann sind es immer noch Limousinen, bei denen die Heckklappe per Knopfdruck von innen aufgeht. Mir geht derweil ein Licht auf: Wer zu Hause mehr Grünschnitt entsorgen muss, als in die Biotonne passt, besitzt einen Garten. Und wer mehr Pappe entsorgt, als in die blaue Tonne geht, braucht ein Auto mit Stauraum. Na klar, es sind die Bessergestellten, die hier draußen aufkreuzen. Mehrheitlich jedenfalls. Zwei, drei Weinbauern auf Traktoren mit großen Anhängern sind dabei. Ja, es fahren auch ein paar kleine Seats und rostige Polos vor, aus denen junge Männer die Reste der letzten Party schwungvoll in den Altglascontainer pfeffern. Häufiger aber begrüßt Jürgen mit gnädigem Kopfnicken füllige Herren in khakifarbenen Chino-Hosen, Polo-Shirts und italienischen Slippern, die – mal freundlich fragend, mal kurz angebunden – nach dem richtigen Container für ihr schweres Altmetall fragen. Diese Gutsituierten sind darüber hinaus auch mehrheitlich über 50, soweit man das raten kann. Die Jugend schläft vielleicht noch, samstags um halb zwölf.

»Siem«, sagt Jürgen, zieht die Augenbrauen hoch und lächelt. »Siem Euro bis jetzt. Jut, wa?« Manche geben Trinkgeld. Soweit ich beobachte, eher Damen als Herren. Aber denen hilft Jürgen ja auch öfter beim Ausladen und Abwerfen sperriger Gegenstände. Überhaupt – für einen Platzwart mit landratsamtlichen Kontrollbefugnissen ist Jürgen erstaunlich gelassen. Lenkt das Geschehen mit Lässigkeit, erteilt Verbote stets mit Begründung, schaut den Angeredeten ins Gesicht. Es ist eine ruppige Freundlichkeit, nun gut, mehr lässt die Berliner Mentalität nicht zu. Aber Jürgen ist kein schikanöses Ekel. »Obwohl ick schon Damenbinden und tote Wellensittiche ausm jelben Sack jezogen hab, wat meenste.« Da geht mir ein zweites Licht auf: Auf diesem »Grünabfallsammelplatz und Wertstoffcontainerhof« hat ein Pfandflaschen sammelnder alter Mann mit winziger Rente für fünf Stunden pro Tag Macht über Menschen! Hier ist er buchstäblich der Platzhirsch, und er genießt das. Aber: Er beschimpft weder die dusselig rangierende Frau-am-Steuer noch lacht er über den feinen Pinkel, der umständlich Pflanzerde in einen Plastiksack wuchtet und sich dabei einsaut. Jürgen schüttelt den Kopf, Jürgen flucht leise, aber: Jürgen beschämt niemanden laut und von oben herab. Umgekehrt gibt es auch nur wenige, die im Gutsherrengestus aus ihren SUVs steigen und den kleinen Quittungsbon über 2,50 € für 40 Liter Erde verächtlich zerknüllen, wenn Jürgen ihn ordnungsgemäß überreicht hat. Nein, manche Pfälzer begrüßen ihn aus dem offenen Autofenster, andere halten ein kurzes Schwätzchen mit ihm. Mag sein, weil sie wissen: Mit dem Vertreter des Abfallwirtschaftsbetriebs muss man sich gut stellen, sonst nimmt man die Hälfte der Ladung wieder mit. Es mag aber auch sein, dass hier für jeweils kurze Minuten etwas Menschenfreundlichkeit aufblitzt. Über vermeintliche und tatsächliche Gerechtigkeitslücken und über kleine und große soziale Ungleichheiten hinweg.

»Uffm Tüsch!«, sagt Jürgen und weist mir mit einer Kopfbewegung nach links hinten den Weg zu seiner Thermoskanne. »Betriebsraum« steht über der Tür zu der kleinen Holzhütte mit Stuhl, Tisch, Spind und Klo. Die Kanne ist offen, der Kaffee demnach kalt. Jürgens einzige Tasse wurde das letzte Mal gespült, als Kohl noch Kanzler war. Er kommt auf eine Zigarettenpause hinter mir her, weist aber schon meine ersten vorsichtigen Fragen nach seinen persönlichen Lebensumständen knurrig ab. Wo ist die Frau, gibt es Kinder, was war sein früherer Beruf? »Nee, lass ma.« Ob er sich, Hand aufs Herz, beim Flaschensammeln manchmal schämt und mich deshalb nicht mitnahm, damals, am Bahnhof? »Nee, wieso denn? Müsste ja nich. Is'n Zubrot.« Ob er mit dem Geld auskomme? »Für Essen und Wohnen reichtet. Für Klamotten von Kick oder Second Hand ooch.« »Und sonst?« »Wie, sonst?« Ich wüsste gern, ob er Freunde hat und was er mit denen wo und wie oft unternimmt. Ob er verreist, was er gern liest oder hört oder sieht. Ob er das hat, was Ursula von der Leyen »Teilnahme am kulturellen Leben der Gesellschaft « nennt. »GEZ brauch ich nich' zahln«, sagt Jürgen. Er hat die Befreiung von Rundfunkgebühren erfolgreich beantragt. »Und ahms zisch ick mir ne Molle.«

Da ist es. Das gängige Klischee vom Rentner in Altersarmut, der allabendlich biertrinkend vor der Glotze sitzt. Bloß: Dass Jürgen alle sonstigen Lebensmöglichkeiten offenbar nicht vermisst, ist kein Grund, sie ihm politisch vorzuenthalten. Freiheit ist die Freiheit der Wahlmöglichkeiten – und viele hat er nicht, sieht sie nicht oder will sie nicht. Gegen die finanziellen und sozialen Grenzen seines beengten Lebensraums kann er vulgär wettern. Er wird aber nie wirklich dagegen revoltieren. Die »sozialen Unruhen«, von denen im Umfeld der Partei »Die Linke« vor Jahren gefaselt wurde, finden nicht statt. Jemand wie Jürgen würde weder Autos abfackeln noch Häuser besetzen. Wenn er beim Pfandflaschensammeln an den erleuchteten Fensterfronten schicker Edelrestaurants vorbeigeht, drückt er nicht seine Nase an der Scheibe platt wie die verarmten Fischer von Balbek in Marcel Prousts Roman »Auf der Suche nach der verlorenen Zeit«. Anders als sie denkt er auch nie daran, »dieses Aquarium einfach mal umzukippen«. Ob er wählen geht? Jürgen lacht kurz auf und drückt die Kippe aus: »Nee, höchstens Kommunalwahl. Wegem Landrat, vaschtehste.« Ich verstehe. Steht ja hinten auf seiner Weste drauf. »Oder wennse die scheiß Praxisgebühr kippen würden. Aba det macht ja keene Partei.«

Vor meinem geistigen Auge kehren die Trinkgelder, die Jürgen auf dem Müllabladeplatz zugesteckt bekommt, als 10,- €-Scheine wieder in jene Arztpraxen zurück, aus denen sie stammen. Und das Absurde: Weder die SUV-Fahrer noch der prekäre Patient haben was davon! Politisch lebt Jürgen eine Art pragmatische Apathie. Zynisch finde ich nicht ihn, sondern eine Sozialpolitik, die von Jobwunder und rundumversorgten Rentnern schwärmt. Dass rund 600.000 Rentner in Minijobs arbeiten, ist kein fröhlicher Ausdruck ihrer Vitalität. Über 7 Millionen Menschen in Deutschland leben in solchen und ähnlichen Verhältnissen. Nicht bettelarm, aber auch nicht abgesichert. Die Zahl der Leih- und Zeitarbeiter, Niedriglohnjobber, Praktikanten und Scheinselbstständigen hat seit 1996 um 53% zugenommen. 1,3 Millionen Erwerbstätige sind »Aufstocker«, müssen also Arbeitslosengeld II beziehen, um ihren Lebensunterhalt bestreiten zu können. Beklagen sie das – empfinden sie sich als »arm« und sagen es auch laut –, wird ihnen schnell vorgerechnet, dass das Leben auch für die Mittelschicht kein Zuckerschlecken und alles nur eine Frage der Kosten/Einkommen-Relation sei. Beklagen sie das nicht – wie Jürgen –, werden sie schnell als Beispiele gelungener Sozial- und Arbeitsmarktpolitik vereinnahmt. Also sagen sie am besten nichts.

Es mag für Politiker schwer sein, Armut zutreffend zu definieren, Sozialgesetze so zu formulieren und Transfergelder so zu steuern, dass den Richtigen geholfen wird. Es mag für Wohlhabende leicht sein, die Fähigkeit der Armen, sich mit ihrer Lage zu arrangieren, als Einverständnis oder Zufriedenheit zu missdeuten. Es müsste aber doch gerade den Kreuzfahrt- und Neuwagenkauf-Rentnern, den älteren Gutsituierten möglich sein, die soziale Isolation ärmerer Gleichaltriger zu durchbrechen. Einfach, weil sie tatsächlich mehr Zeit haben (als ein berufstätiger junger Vater z.B.), weil sie sich ehrenamtlich in Vereinen und

Gemeinden für Bedürftige und Benachteiligte einsetzen könnten, weil sie von ihrer Lebenserfahrung her geübter sind im Umgang mit Menschen, die »anders ticken« als sie selbst und – weil sie wissen müssten, wie bitter es ist und wie wütend es macht, aus den Augenwinkeln bemitleidet oder verachtet zu werden.

Zehn Minuten nach Ende der Öffnungszeit des Wertstoffhofes, als Jürgen ein paar säumige Pappe-Entsorger hinauskomplimentiert und das große Tor mit einem riesigen Vorhängeschloss von außen verriegelt hat, erzählt er mir dann doch etwas mehr. Nicht etwa von sich, aber von einem arbeitslosen Bekannten, der mit Ende 40 geschieden wurde, mit 53 abermals geheiratet hat und dessen zwei Stiefsöhne, die seine Frau mitbrachte, nach ihrer Ausbildung ins Ausland wollen. Dabei sei dessen Tochter aus erster Ehe – so um die 30 – gerade mit Kind wieder bei ihm eingezogen. Im Vergleich zu diesem Bekannten gehe es *ihm* ja noch gold, sagt Jürgen und tätschelt mit der rechten Hand seine Hosentasche, in der das Trinkgeld klimpert. »Da kannste nich meckan, wa?«

5

RENTE SICH WER KANN

Wenn Ihnen das Kaffeetrinken mit den lieben Verwandten zu langweilig geworden ist, ein Smalltalk unter Kollegen zu verkrampft locker, ein Gespräch am Stammtisch zu oberflächlich – werfen Sie das Wort »Rente« in die Runde. Einfach so. Kann man völlig zusammenhanglos tun: »Na ja, schön und gut, aber die Rente ...« Sie werden staunen, was passiert. Als hätten Sie eine Flasche chemischen Brandbeschleuniger auf die Tischkerzen gesprüht. Flammen der Empörung lodern empor, Blitze der Entrüstung leuchten auf. Hochspannung entlädt sich in fortgesetztem Donnergrollen. Manchmal entsteht eine Art Wetteifer darum, wer der Betrogenste aller Betrogenen ist, wem am meisten Unrecht getan wurde oder noch getan werden wird; wer jetzt »dumm dasteht«, obwohl er so klug und vorsorglich »ein Leben lang« fleißig und gesetzestreu war. Da jede Woche eine neue, meist »alarmierende« Statistik in der Lokalzeitung steht und mit der Alterung der Gesellschaft auch die Zahl der publizierten wissenschaftlichen Studien von Alters-Experten exponentiell steigt, sitzen mit Ihnen natürlich ausnahmslos Experten am Tisch. Und wenn sich dann herausstellt, dass jede und jeder dank Internet und persönlichem Anlage-Berater Experte in Sachen eigener Rente ist, kann sich der Sturm der Entrüstung sogar schnell wieder legen.

Die New Yorker Gerontologen Steven M. Albert und Maria Catell stellten Ende der 90er Jahre fest, dass es unter weltweit 95 Naturvölkern noch 20 Volksgruppen gibt, die ihre alten Leute umbringen. Irgendwo aussetzen, verhungern, verdursten oder erfrieren lassen. Weil die Nahrung knapp ist (in Wüsten z.B.), weil sie die Wanderungen nicht mehr schaffen (in Steppen und Gebirgen z.B.) oder weil die Energieressourcen begrenzt sind (am Nordpol z.B.). Im Vergleich zu denen geht es uns noch gold, zugegeben, aber unsere Rente – na na na, wer weiß.

Am 9. März 2007 beschloss der Bundestag, das Renteneintrittsalter schrittweise, d.h. von 2012 bis 2029, auf 67 Jahre anzuheben. Jahrzehntelang haben Regierende und Gewerkschaften genau das Gegenteil gefordert. Für eine Herabsetzung des Rentenalters gefochten, weil man sich davon mehr freie Arbeitsplätze für nachrückende Junge erhoffte. Mit 65, mit 63, mit 62 – die Selbstverständlichkeit, mit der »Vater Staat« seinen Landeskindern vorschreibt, wann sie zu »gehen« haben, wirkt heute seltsam antiquiert. Aus einer Zeit stammend, als Broterwerb nur saure Pflicht und Ruhestand das Ziel aller Träume gewesen sein muss. Die sehnsuchtsvolle Frage »Und? Wie lange musst Du noch?« wollten die Sozialdemokraten dem hustenden Bergbaukumpel und die Christdemokraten dem entnervten Lehrer mit immer früheren Ausstiegsterminen beantworten können. Die Roten hingen der Vorstellung aus der alten Arbeitswelt an, dass ein lohnabhängiger Malocher nichts lieber mache als Feierabend. Am besten für immer bei voller Lohnfortzahlung. Für die Schwarzen galt die Vorstellung aus dem alten Preußen, alle Menschen wären am liebsten Beamte. Mit heiligen Schalterschließzeiten bei garantierter Pension. (Kurt Tucholsky: »Der Alptraum jedes Deutschen: Vor einem Schalter zu stehen. Der Traum jedes Deutschen: Hinter einem Schalter zu sitzen.«)

Dass sich die Arbeitswelt, die Produktions- und Kommunikationsmittel, die wirtschaftlichen Gegebenheiten, die öffentliche Kultur, die private Lebenswelt und schließlich das Selbstverständnis der Berufstätigen im 21. Jahrhundert radikal gewandelt haben – das scheint vielen Bürokraten hinter ihren Paragrafen, Formularen und Amtsbescheiden entgangen zu sein. Wer diesen Satz unhöflich findet, betrete einmal die Parallelwelt einer Sozial- oder Finanzbehörde. Eine Stechuhr (!) definiert Arbeit und Freizeit. »Klack, ab jetzt ist Arbeit. Klack, ab jetzt ist Feierabend. Dienst ist Dienst und Schnaps ist Schnaps.«[15] Auf den Fluren riecht es nach Bohnerwachs, in den »Amtsstuben« nach Staub auf vergilbten Mappen. »Wer in Frankfurt abends durchs Bankenviertel radelt, sieht noch viele helle Fenster. Im Kölner Rheinau-Hafen, wo große Computerfirmen sitzen, ist auch sonntags die Kantine offen. Zu den wenigen Gebäuden, die definitiv werktags Schlag 17 Uhr dunkel sind, gehört das Finanzamt. Das sei den Angestellten dort gegönnt, denn ihre Arbeit ist hart und wird schlecht bezahlt. Aber in der Zeitung könnten sie lesen: Die meisten Deutschen arbeiten heute zeitlich flexibel.«[16] Das gilt nicht nur für die Wochen-, sondern auch für die Lebensarbeitszeit.

Dass diese Beobachtung nicht überall angekommen ist, zeigt die zweite seltsame Eigenart unserer Rentengesetzgebung: Wer *vor* dem gesetzlich festgelegten »Eintrittsalter« aus dem Berufsleben geht, verliert 0,3% seiner Rentenansprüche pro Monat, d.h. 3,6% pro Jahr. Wirft jemand z.B. drei Jahre vor dem regulären Schlussgong das Handtuch, bekommt er bis zu seinem Tode monatlich (!) 11% weniger als die gesetzlichen 60% vom letzten Nettogehalt. Lebt also künftig von weniger als der Hälfte. Ob ein Profi seines Fachs 35 Jahre lang ein Zugpferd war oder eine Fehlbesetzung, ob er gerackert oder sich gedrückt hat – das ist alles wurscht, sobald er um die 60 auf die Zielgerade einbiegt.

Entscheidend sind allein die letzten Meter. Erst diese Voraussetzung lässt manche »Alten« in einer Firma so verbissen um jeden Monat feilschen. Selbst dann, wenn ihr Betrieb groß genug für eine betriebliche Altersvorsorge und sie selbst wohlhabend genug für eine private Rentenversicherung waren. Erst dieser Umstand macht verstehbar, warum einerseits 95% der heute 60jährigen die »Rente mit 67« strikt ablehnen[17] (obwohl es sie selbst noch gar nicht betrifft, sondern erst die heute 50jährigen) – und sie andererseits ihre Pensionierung als »Zwangsverrentung« beklagen und lieber selbst bestimmen würden, wann Schluss sein soll. Dass diese »eigene« Entscheidung keine einsame ist, sondern von den Knochen, den Nerven, der Konzentrations- und Lernfähigkeit maßgeblich mitentschieden wird, sagen sie freilich nur leise und nicht im pathetischen Empörungsgestus. Im Jahre 2010 gingen rund 850.000 Arbeitnehmer in Rente. 57,7% taten das, *bevor* sie das 65. Lebensjahr erreicht hatten.[18] Die veränderten (oft absurd schlechter werdenden) Arbeitsbedingungen und wirtschaftlichen Sachzwänge lassen die wenigsten Berufstätigen bis 65 oder gar 67 durchhalten.

Wer Franz Müntefering Bösartigkeit unterstellen will – er hatte als Wirtschafts- und Sozialminister 2007 die Anhebung des Renteneintrittsalters forciert –, der könnte vermuten, der Gesetzgeber habe mit den Ermüdungserscheinungen seiner Bürger kalkuliert und lediglich eine verdeckte Renten*kürzung* vorgenommen. Nach dem Motto: Bis 67 schafft es eh kaum jemand. Da nützt es auch nichts, den Ermatteten in Hochglanzmagazinen immer wieder zu erzählen, dass Michelangelo mit 71 anfing, die Decke der Sixtinischen Kapelle auszumalen. Immanuel Kant seine

»Metaphysik der Sitten« mit 73 und Theodor Fontane seine Erzählung »Effi Briest« mit 70 schrieb. Dass Thomas Edison mit 83 noch ein Patent anmeldete und Konrad Adenauer mit 85 zum vierten Mal Bundeskanzler wurde.

Und die Arbeitgeber? So sie nicht gerade »Staatsbetriebe« leiten, haben sie längst vorausgesehen, dass es Unsinn ist, einen großen Teil der Belegschaft gemeinsam alt werden zu lassen und dann geschlossen in Rente zu schicken. Betriebsinterne Vorruhestands-Regelungen und Altersteilzeit sowie abfindungs-verzuckerte Frühabgänge sollen jene Gelder und jene Arbeitsstellen freischaufeln, in die man dann junge Kräfte stecken kann. Auch hier steht ein leicht entflammbares Tischfeuerwerk der Empörung neben der Kaffeetasse. Dass die Damen und Herren Konzernlenker dies nicht immer tun, sondern Ältere »entsorgen«, *ohne* Jüngere einzustellen, ist eine kritikwürdige und reformbedürftige, aber wohl unvermeidliche Nebenwirkung des flexiblen Rentenbeginns. Was die in den Berufs-»Wechsel«-Jahren befindlichen Rentenanwärter und ihre resignierte Wut allerdings vom zornigen Protest der Pubertierenden unterscheidet: 14jährige denken nicht in geschichtlichen Kategorien, interessieren sich wenig für das, was einmal war, und ändern ihre Haltungen schnell. 60jährige denken in historischen Prozessen, erinnern sich noch gut an alles, was einmal war und ändern ihre Haltung nur langsam oder gar nicht mehr.

Zwischen 1960 und 2000 wurde der gesetzliche Rentenversicherungsbeitrag vom Bruttolohn eines Arbeitnehmers elf Mal erhöht. Auch zuvor hatte die Regierung Adenauer oft und beherzt in den Rententopf gegriffen, um z.B. den

Aufbau der jungen Bundeswehr zu finanzieren. Etwa zwei Dutzend Mal wurde am Rentensystem herum geschraubt, bis 1973 die flexible Altersgrenze ab dem 63. Lebensjahr eingeführt wurde und von 1984 bis 1988 die Vorruhestandsregelung ab 58 galt. Mehr als 60% der berechtigten Arbeitnehmer nahmen diese in Anspruch, weshalb Helmut Kohl später meinte, dies sei der größte Fehler seiner Kanzlerschaft gewesen.[19] Es war vielleicht nicht der größte, aber einer, den er wenigstens zugab. Seit 1989 existiert die Alters-Teilzeit, seit 1990 gibt es Millionen ostdeutscher Rentenempfänger, die nicht in die westdeutsche Rentenkasse eingezahlt haben. Seit 1998 ist die Empfehlung eines »sozialverträglichen Ablebens« sprichwörtlich. Ärztekammerpräsident Karsten Vilmar sprach es aus und die Gesellschaft für deutsche Sprache kürte es zum »Unwort des Jahres«. Seit 2002 – dem Jahr der ersten großen Flutkatastrophen an Oder, Elbe, Donau und Inn – heißt der demographische Wandel bei manchen »Rentnerschwemme«. Noch – und damit wären wir in den Zehnerjahren des 21. Jahrhunderts – finanzieren rund 27 Millionen erwerbstätige, sozialversicherungspflichtige Beitragszahler rund 20 Millionen Rentenempfänger. Aber: Die immer geburtenschwächeren Jahrgänge beschreiten immer längere Ausbildungswege. Generation Praktikum eben. Wer aber erst mit 30 Jahren und einem niedrigen Einstiegsgehalt eine »Karriere« beginnt, einen oftmals prekären, konjunkturabhängigen Beruf ergreift und diesen dann auf Teilzeitarbeit reduzieren muss, sobald er Kinder großziehen will – der ist nicht gerade das, was man eine sprudelnde Geldquelle für die Rentenkasse bezeichnen könnte. Die früh und erschöpft in den Ruhestand wankenden Menschen ab 55 aber müssen momentan durchschnittlich 18 Jahre lang

»durchgefüttert« werden. Zukünftig wohl bis zu 25 Jahre lang.

Eins hat sich während dieser nunmehr 60 Jahre andauernden Chronique scandaleuse nicht geändert: Die Vorstellung nämlich, wir hätten unsere Beiträge in eine staatliche Sparkasse eingezahlt. Obwohl in Kopf und Verstand längst abgehakt, hält sich in deutschen Herzen und Gefühlen der fest verankerte Wunsch, im Keller der Berliner »Deutschen Rentenversicherung Bund« müssten die Milliarden aus sechs Jahrzehnten liegen, die jedem Beitragszahler ab 60 oder 65 in kleinen Scheinen zurückgegeben werden. Dem ist nicht so. Alle wissen das. Aber wenn von ebendort eine »Renteninformation« verschickt wird, in der es von Konjunktiven nur so wimmelt – könnte, würde, hätte, ergäbe sich, entspräche –, dann glauben die meisten, den hier genannten Betrag auch tatsächlich zu bekommen. Dem ist auch nicht so. Beziffert wird lediglich der Betrag, auf den eine »Rentenanwartschaft« erworben wurde. Wir werden über die Höhe unserer Ansprüche informiert, nicht über Geldbeträge, die tatsächlich fließen. Deren Höhe hängt allein von den zukünftigen Berufstätigen ab. In der ehemals »BfA« abgekürzten »Behörde für Almosen« wird nur eingesammelt und durchgereicht, was heute da ist.

In Dänemark und Schweden legt der Gesetzgeber nicht die Obergrenze fest, bis zu der gearbeitet werden muss (und bestraft auch nicht ein paar Monate Abweichung mit lebenslangen Sanktionen). Er legt die Untergrenze fest, ab wann eine »Teil-Rente« gezahlt werden kann. Die ist umso geringer, je früher sie bezogen wird (darin ähnelt sie manchen deutschen Altersteilzeitregelungen), steigt aber mit jedem Jahr, das der Betreffende länger im Betrieb bleibt. Bevor sich Rentenmathematiker auf das finanzielle Für und Wider stürzen, lohnt ein Blick auf die atmosphärischen, die »betriebsklimatischen« Vorteile. Betriebs- und Abteilungsleiter halten alte Hasen nicht für altes Eisen und benehmen sich ihnen gegenüber auch nicht so. Personalchefs legen Mappen mit Geburtsjahrgängen ab 1965 nicht in die unterste Schublade, sondern halten die Anstellung und Beförderung von Mittvierzigern oder gar Fünfzigern für diskutabel. Projektplaner blocken die Vergabe langfristiger Aufgaben an Mitarbeiter über 50 nicht mit dem Hinweis ab: »der geht ja eh bald«. Qualitätscontroller und Personalentwickler halten Ältere nicht für zu blöd oder zu gewohnheitsstarr, etwas Neues zu lernen.

Klingt alles wie ein Märchen aus 1001 Nacht? Mag sein. Es könnte aber den eklatanten Fachkräftemangel der nächsten Jahre vom anderen, vom oberen Ende des Zeitstrahls her zumindest teilweise beheben. Oder sollte der Stammtisch der resigniert Erregten recht behalten: Verlassen kann man sich in Deutschland nur darauf, dass wir nichts von unseren Nachbarländern lernen? CDU-Ex-Arbeitsminister Norbert Blüms legendäre Beteuerung »Die Renten sind sicher« von 1986 und SPD-Ex-Arbeitsminister Olaf Scholz' Donnerwort »Die Rente ist armutsfest« von 2009 haben gemeinsam, dass die Bürger beide Sprüche als ängstliches Pfeifen im Wald erkannten. Pfeifen sie selber jedoch aus dem zweitletzten Loch, wenn sie ihre Einkünfte mit ihren Lebenshaltungskosten vergleichen, dann nützen die schönsten Riester-Renten-Privatzusatz- und Lebensversicherungsangebote nichts. »Auf die hohe Kante legen« kann man nur, was man sich vom Munde absparen konnte.

Im Herbst 2008 bewiesen die Banken und Versicherungen – eigentlich die Hüter der hohen Kanten –, dass sie jederzeit willens und in der Lage sind, »Oma ihr klein Häuschen« im globalen Börsencasino zu verzocken. Bleibt als wirklich »sichere Rente« also nur der Goldbarren unter dem Bett, wenn dieses Bett in einer eigenen, schuldenfreien Immobilie steht? So scheint es. Wer ein Leben lang so viel gespart oder in der Lebensmitte so viel geerbt hat, dass er in seinen eigenen vier Wänden, miet- oder abzahlungsfrei, wohnt, dem darf man herzlich gratulieren. Inzwischen aber dämmert solchen »Vermögenden« auch: Grundstücke und Häuser kann man nicht essen. Und die ambulante Pflegerin der letzten Jahre wird Bargeld wollen.

Bargeld von der Rente abzweigen will neuerdings auch ein alter Bekannter, den viele Rentner beinahe vergessen hatten: Der Fiskus. Musste bis 2005 nur der sogenannte »Ertragsanteil« einer Rente versteuert werden (bei mittleren bis hohen Renten waren das meist 30%, bei kleinen Renten gar nichts), so sind seither 50% der Bruttorente steuerpflichtig. Mit anderen Worten: Millionen Rentner haben ihren Freibetrag bereits ausgeschöpft – auch ohne zusätzliche Witwenrenten, Mieteinnahmen oder Zusatzverdienste. Darüber belehrt sie seit 2012 das Finanzamt auf die rabiate Tour: per Steuerfahndung und Bußgeldstelle. Die deutsche Rentenversicherung, die Pensionsfonds und privaten Rentenversicherer melden ihre Versicherten einer »Zentralen Zulagenstelle für Altersvermögen, ZfA«, die meldet deren Einnahmen an die Finanzämter, und die fragen erst sich und dann den Rentner, ob das schon alles gewesen sein könne. Dass Witwen, die in ihrem ganzen Leben noch kein einziges Steuerformular ausfüllen mussten (»hat immer mein Mann gemacht«) nun stundenlang über Papieren brüten, deren Ertrag für den Staat am Ende 3,58 € ergibt, dass pensionierte Beamte, denen ein Leben lang Korrektheit und Staatstreue das Wichtigste war, nun Strafverfahren und Bußgeldbescheide ins Haus flattern – das wird alles in Kauf genommen. Auf dass sich nur keiner einen wohlausgestatteten Lebensabend dazuverdient!

Eine uralte Erfahrung von Kabarettisten lautet, dass die Satiren von gestern bereits von der Wirklichkeit morgen überholt werden können. Dass ein absurd sarkastisch gemeinter Tipp von Harald Martenstein schon übermorgen als ernst zu nehmender Rat verstanden werden könnte. »Hier mein Rat an die Jugend: Lebt in vollen Zügen. Feiert. Lasst es krachen. Ignoriert alle Vorsorge- und Anlage-Angebote. Eine überdurchschnittliche Rente wird Euch sowieso weggenommen. In 30 Jahren wird der Staat nämlich noch klammer sein als heute. Spart heimlich Geld, tut es ins Kopfkissen. Dort kriegt Ihr zwar keine Zinsen, aber es wird auch nicht versteuert.«[20] Viel Benzin für das Tischfeuerwerk am Kaffeetisch ...

6

JOSEF ENGAGIERT SICH JETZT

Die Adresse liegt in jener Halbhöhenlage der Stadt, in der keine grafittibesprühten Wohnblock-Fassaden, schmutzige Spielplätze und schrottreife Kleinwagen das Straßenbild prägen, aber auch keine Videokameras über Toreinfahrten weiß ummauerter Bungalows ein »Bonzenviertel« signalisieren. Halbhoch eben. Mittelstand. Na gut, gehobener Mittelstand. Der Weg zu meinem heutigen Gesprächspartner führt steil bergan in eine stille, aber auch schläfrig wirkende Wohngegend, wo sich makellose Einfamilienhäuser, Efeu-umrankt, mit Reihenhaushälften hinter frisch lasierten Holzsichtblenden abwechseln. Wer in einer Straße mit 12% Gefälle parkt, benötigt eine gute Handbremse, denke ich beim Aussteigen. Und im Winter viel Streusalz. Er ist jetzt 66, geht es mir durch den Kopf, in zehn Jahren und mit Rollator könnte er hier Schwierigkeiten haben. Er hat einen für diese Gegend untypisch katholischen Vornamen und obendrein einen österreichisch adligen Nachnamen – für dieses Buch nenne ich ihn Josef Hermann von Maßmüller.

Die Hecke, an der ich entlang steige, muss mit der Nagelschere getrimmt worden sein. Die drei Stufen zur Haustür mit Trockenblumenkränzchen sind aus rötlich marmoriertem Granit. »Seien Sie gegrüßt!«, sagt er volltönend. Seine überaus höflich formulierten Fragen nach Kaffee oder Tee, süßem oder herzhaftem Gebäck klingen vornehm. Er trägt ein kariertes Freizeithemd, eine helle Bundfaltenhose und darüber ein marineblaues Jackett mit goldenen Knöpfen. Vielleicht hat er das wegen unserer Verabredung angezogen, denke ich, oder würde er sonst im Zweireiher durch Keller und Küche eilen? »Meine Frau lässt sich entschuldigen, die ist noch im Baumarkt«, ruft er mir durch die Küchendurchreiche zu. Ich schaue mich um. Zwei über Eck gestellte riesige Bücherregale enthalten genau das, was man hier vermutet: Zwei Enzyklopädien, eine blaue, eine braune, jeweils zehn oder zwölf Bände mit Goldrandrücken. Zahllose Kunstführer und Bildbände. Reihenweise Werkausgaben klassischer Literaten – Goethe, Schiller, Heine, Hesse – daneben ein Plattenspieler mit Verstärker drunter, dann Siegfried Lenz, aber auch Konsalik und Simmel, gefolgt von der bunten Parade der Urlaubsschmöker: historische Romane, Krimis, Barbara Wood, Charlotte Link, ein paar Filmstarbiografien. Schließlich, ach-das-gibt's-noch, gestapelte Dia-Kästen. Graue Längsschuber für jene gerahmten Foto-Positive, die man früher in Plastikschienen einsortierte, in einen »Diaprojektor« schob und damit vergrößert »an die Wand warf«. Optisch, versteht sich. Korsika, England, Toskana, Kreta.

»Baumarkt?«, frage ich, als er mit dem Tablett kommt. »Ja. Es muss ja ständig im Haus und am Haus was gemacht werden. Nehmen Sie doch Platz. Milch, Zucker?« Seine Frau ist acht Jahre jünger und noch berufstätig, wie ich weiß, also scheint es mir logisch zu fragen: »Und ums Haus kümmern Sie sich jetzt?« »Nein. Kann ich nicht. Will ich auch nicht.« Ich bin etwas verblüfft. Was er sofort bemerkt: »Wissen Sie, es gab ja zunächst eine euphorische Aufräum- und Archivierungsphase, also die ersten fünfzehn, achtzehn Monate nach meiner Pensionierung. Ich habe im Keller mit Begeisterung alte Akten ausgemistet, neue angelegt, Unterrichts-Manuskripte und Zeitungsausschnitte nach Themen und Stichworten katalogisiert und abgeheftet. Ich habe mich von der Hälfte meiner Bücher getrennt, mit den Einkäufern großer Antiquariate halbe Abende am

Telefon verbracht. Ich hing wochenlang bei e-bay herum, Tag und Nacht. Einmal stand ich mit dem Rest vom Rest sogar auf einem Bücherflohmarkt, stellen Sie sich das vor! Dann habe ich uralte Urlaubsfotos eingescannt oder auf CD gebrannt. Ich habe – lachen Sie jetzt nicht – unsere Liebesbriefe aus den Jahren vor der Ehe nach Datum sortiert, die schönsten in Folie laminiert und die peinlichsten weggeschmissen. Einvernehmlich mit meiner Frau, versteht sich.« Er blinzelt mir zu. Ein bisschen verschwörerisch, als sei nicht immer und alles so einvernehmlich entsorgt worden. Ich nicke kumpelhaft. »Durch die Sichtung alter Briefe kam ich automatisch zur Erforschung unserer Genealogie,« – dachte ich's mir doch – »die auf meiner Seite recht gut und über mehrere Jahrhunderte dokumentiert ist. In der Familie meiner Frau aber höchstens bis zu den napoleonischen Kriegen zurückreicht.« »Weil Sie adeliger Abstammung sind, Ihre Frau hingegen bürgerlich?«, werfe ich ein. »Nein, nein, noch einfacher. Weil wir immer katholisch waren, also in den Tauf- und Eheschließungsregistern der Kirchenbücher stehen, die Eltern meiner Frau aber aus der evangelischen Kirche ausgetreten waren. Keine Taufen, keine Konfirmationen, nix mehr. Viel schwerer zu erforschen, wenn man nicht sofort auf die riesigen Archive der Mormonen zurückgreifen will. Und dann kam, na ja, wie soll ich sagen, dann kam ...« Herr von Maßmüller nimmt einen tiefen Schluck, redet aber nicht weiter. Ich warte. Wir schweigen.

»Sind *Sie* ein Praktikus?«, fragt er mich plötzlich. »Nö«, verneine ich, »zwei linke Hände. Mit je fünf Daumen.« Wir lachen ein wenig. »Nach der ersten Aufräum- und Forschungseuphorie, was kam dann?«, frage ich. »Ich bin

Oberstudienrat für Deutsch, Latein und Religion. Kein Werklehrer und schon gar kein Handwerker.« »Ich bin«, sagt Josef Hermann. Nicht »ich war«. »Nun gut, aber ...«, will ich einwerfen, da unterbricht er mich: »Man kann das lernen. Was eine Gehrungssäge von einem Fuchsschwanz unterscheidet, wie man Laminat verlegt, ob Fußleisten geklebt oder genagelt werden und welche Wandfarbe gut geeignet oder einfach Scheiße ist. Kann man lernen.« Seine Wortwahl und sein Tonfall lassen ein heraufziehendes Sturmtief erahnen. »Aber wo um alles in der Welt steht geschrieben, dass Geistesarbeiter plötzlich Heimwerker werden müssen, nur weil sie jetzt Zeit haben?!« Er fragt das eine Spur zu erregt. Deshalb kann ich mir denken, was nach der euphorischen Aufräum- und Archivierungsphase in seinem ersten Rentnerjahr kam. Die Erkenntnis nämlich, dass er keine Freude daran hatte, was seine Frau von ihm erwartete: Handwerkliches Geschick und Lust am Renovieren. Wo doch im und am Haus »immer was gemacht werden muss«.

»Ich gehe gerne einkaufen, ich koche inzwischen ganz gut, ich putze leidlich. Außer Hemden bügeln habe ich vieles gelernt, so ist das nicht. Wenn die Regenrinne vom Herbstlaub verstopft ist, mache ich sie sauber, keine Frage. Rasen mähen, Hecke stutzen – einverstanden. Aber sägen und schrauben und bohren und hämmern, Wände tapezieren und sich mit Klempnern und Elektrikern rumärgern? Sine mecum!« Herr Lateinlehrer hat also auch keinen Hasenstall gebaut für die kleinen Enkel und keine Fahrräder repariert für die großen, denke ich im Stillen. Oder er hat es versucht und dabei erst das Werkzeug geschrottet und sich dann die Hand verletzt. »Was machen Sie stattdessen?«, möchte ich jetzt wissen. Was macht ein pensionierter Geistesarbeiter, der sich im Haus und ums Haus herum nur begrenzt nützlich machen kann? Das zu fragen traue ich mich aber nicht. »Von der qualvollen Aneignung wesensfremder Fertigkeiten ...«, sagt er jetzt und hält sich ein längliches Stück Gebäck zögernd vor den Mund, als sei es ein Mikrofon, »also von Dingen, die man ums Verrecken nicht ins Hirn oder die Hände kriegt – davon verstehe ich etwas!« Ich muss kurz überlegen. »Sie meinen: Vom Nichtkönnen trotz Lernen wollen verstehen Sie was?« »Genau. Ich gebe ja noch Nachhilfe, seit ich pensioniert bin. Es gibt wunderbare Kinder manchmal. Aber Latein? Nichts zu machen. Für die produziert ein Lehrer nur heiße Luft, und wie schon Abraham Lincoln sagte: You can't fertilize a field by farting thru the fence. Verstehen Sie das?« »Ja. Man düngt kein Feld, indem man nur durch den Zaun furzt.« Herr von Maßmüller lacht, als höre er das Zitat zum ersten Mal auf Deutsch. Glucksend fügt er hinzu: »So geht's mir eben mit den Ratgeberbüchern für Heimwerker.«

Die Gleichzeitigkeit von gepflegter Wortwahl und vulgärer Derbheit hat etwas von den sogenannten »Herrenabenden« in alten Schwarzweißfilmen, denke ich. Da plaudert mein Gastgeber aber schon weiter. In einem etwas ernsthafteren Ton diesmal: »Sie haben sich vielleicht gewundert, warum jemand in einer evangelischen Stadt so einen Vornamen hat?« Ein bisschen hatte ich das, zugegeben. »Meine Eltern waren sehr katholisch und, sagen wir mal, sehr nationalbewusst. Keine Nazis, das nicht, aber stramm für Adenauers CDU und eine militärische Westanbindung gegen die Sowjets. Deshalb: Josef. Und Hermann. Und daher auch mein politisches Interesse.« Politisches Interesse, aha. Und was heißt das praktisch? Zeitunglesen allein kann es doch nicht sein? »Ich schreibe z.B. Fernsehsendungen mit. Gedächtnisprotokoll könnte man sagen. Talkshows, Dokumentationen. Aber auch politische Kommentare im Deutschlandfunk. In Steno.« Die Standuhr hinter der Ledersitzgruppe dröhnt so laut und glockenschwer zehn Mal, dass ich »Stereo« verstehe. Was mein Gastgeber lachend korrigiert: »Nein, in Steno, Stenographie. Kurzschrift. Musste früher jede kleine Sekretärin perfekt können. Kennen Sie gar nicht mehr, was? Aber Latein, Literatur, Malerei, klassische Musik, Theater und Geschichte kennt ja auch keiner mehr. Braucht keiner mehr, war mal, geht gar nicht, hamwer nich.« Da ist ein bitterer Unterton in seiner Stimme. Etwas irritiert will ich beteuern, wie humanistisch allgemeinbildet ich noch bin, aber der adelige Josef steht jetzt auf und holt eine Kladde Mitschriften von der Fensterbank. »Könnte man sich auch alles von den Internetseiten der Sender downloaden, ich weiß. Geht aber so schneller, glauben Sie mir.« Und dann beginnt er, in seinen Notizen zu blättern. Von der systematischen Zerschlagung des abendländischen Bildungskanons durch die 68er, die Gesamtschule, die PISA-Vorgaben fürs Gymnasium und den Bolognaprozess an den Universitäten. »Wenn Sie heute im Religionsunterricht Golgatha sagen, denken die Schüler an die Zahnpasta Colgate. Ich hab' mal im Geschichtsunterricht, in einer Elf, da hab' ich mal erklärt, dass man kommunistische Länder und Überzeugungen mit der Farbe Rot assoziiert. Rote Armee z.B. oder Rot-China. Und einer fragte, warum es dann Rosa Luxemburg heißt!«

Josef Hermann findet das nicht lustig, er liest jetzt in gehobener Stimmlage aus seinem Notizbuch weiter. Von der Verflachung ernster und erhabener Kulturereignisse zum kommerziellen Eventzirkus: »Ob Ring der Nibelungen oder König der Löwen, alles egal, solange es vorher Sekt und hinterher Würstchen gibt!« Von der marktförmig gestylten Trivialisierung hoher Literatur: »Wenn Martin Walser oder Martin Mosebach nicht in brüllwitzigen Talkshows auftreten, werden ihre Bücher auch nicht in den Bahnhofsbuchhandlungen gestapelt.« Und, natürlich, vom Niedergang der deutschen Sprache durch Anglizismen, dem pubertären SMS- und Twitter-Deutsch. Die Welt ist dumm, soviel scheint klar. Statt stetig gegenzuhalten, habe ich viele Tassen Kaffee getrunken. Ich bitte um eine kurze Pause und entdecke an der Wand der Maßmüller'schen Toilette eine riesige Pinnwand. Korkfläche in Wurzelholzrahmen, soweit man das noch erkennen kann. Darauf: Ansichtskarten von Sonstwo, Gepäckanhänger mit den Kürzeln weltweiter Flughäfen, vor allem aber Eintrittskarten sind befestigt. Man müsste mehr müssen, um sie alle zu lesen. Aber auch der kurze Blick zeigt: Herr Oberstudienrat von Maßmüller und seine Frau, Verwaltungsbeamtin im Rathaus, haben in den letzten Jahren wohl alles besucht, was im Umkreis an Vorträgen, Foren, Podiumsdiskussionen, Theaterpremieren, Buchvorstellungen, Benefizkonzerten und Themengottesdiensten geboten wurde. Zwei typische Bildungsbürger, die das Geistesleben ihrer Stadt mit Eintrittsgeld und physischer Präsenz am Leben halten. Ausgerechnet diese offensichtlichen Nutznießer eines florierenden Kulturbetriebs aber sind von seinem baldigen Untergang überzeugt? Seltsam.

Merklich erleichtert und auch wohlgestimmter als zuvor kehre ich ins Wohnzimmer zurück. Josef steht am großen Terrassenfenster und telefoniert, beendet aber das Gespräch, als ich wieder am Tisch Platz nehme. Das Telefonat muss ihn geärgert haben, sein Tonfall ist noch ein Gran schärfer geworden: »Als politisch interessierter Privatier hat man mehr Zeit, das linke Medienkartell zu durchschauen. Wie subtil wir gleichgeschaltet werden. Glauben Sie nicht? Doch, isso. Wir werden getrimmt auf berufstätige Frauen statt Mutterschaft, auf Homosexualität statt Familie mit Kindern, auf die Verhöhnung staatlicher und kirchlicher Autoritäten, auf Demutsgesten vor dem Islam.« Mir wird heiß am Haaransatz. Soll ich jetzt entgegnen, dass über 1850 verschiedene Printmedientitel am Kiosk, mehr als 100 verschiedene Radioprogramme und rund 40 gängige Fernsehkanäle gar nicht alle auf eine politische Linie gleichgeschaltet sein *können*? Will ich mit ihm wirklich über die zwingende Notwendigkeit der Presse- und Meinungsfreiheit in einem weltanschaulich neutralen Rechtsstaat diskutieren? Und dass man für dieses demokratische Gut halt den Boulevard und manche blöden Tendenzblätter in Kauf nehmen muss? Josef Hermann legt nach: »Die CDU hat sich quasi sozialdemokratisiert, die FDP tut immer brav, was die Konzerne wünschen, und die Grünen wollten mal Pädophilie straffrei stellen. Alles Ideologen, sage ich Ihnen, alles Werte-Zerstörer!«

Er schaut jetzt an mir vorbei in den Garten hinaus, und ich denke: Was will er konkret? Rechtspopulisten wie in Ungarn und Holland? Eine Art Soft-NPD für Intellektuelle? Sollen wir ernsthaft darüber reden, dass die Menschenrechte für alle gelten müssen? Auch für kinderlose Karrierefrauen, Atheisten, Schwule und Muslime? »Und deshalb engagiere ich mich da jetzt«, sagt Josef knapp und beginnt, das Kaffeegeschirr zusammen zu räumen. Ich hätte es merken können. Kein Bertolt Brecht und kein Günter Grass im Bücherschrank, aber Thilo Sarrazin. Und ein paar katholische und evangelikale Polemiker auf der ›Das-wird-man-ja-wohl-noch-sagen-dürfen‹-Spur. Die hellbraun getönte Ideen-Drehtür zwischen konservativem Bildungsbürgertum und Rechtsextremismus eben. »*Wie* engagieren Sie sich?«, frage ich und stehe mit ihm vom Tisch auf. »Durch Leserbriefe und Hörerpost. Oder Zuschauer-Mails. Und wenn sie die nicht abdrucken oder mir butterweiche Abwimmel-Antworten schreiben oder gar nicht reagieren, dann ruf' ich an.« Dieser Josef ist der Alptraum aller Redakteure, denke ich. In Live-Sendungen mit Höreranrufen eine tickende Zeitbombe. Wenn er unhöflich wird und die Regie blendet ihn aus, fühlt er sich als mundtot gemachter Märtyrer bestätigt. Lässt man ihn reden, ist die sachliche Atmosphäre jeder Sendung im Eimer. Sein Handy klingelt erneut. Es geht, soweit ich unfreiwillig mithöre, nicht um die Sozialdemokratisierung der CDU, sondern um den Durchmesser eines Dichtungsrings für die Duschbrause. In Millimetern. Eine willkommene Gelegenheit, mich zu verabschieden. Zumal Josefs Frau, deren Betrachtung des Rentneralltags mich interessiert hätte, offenbar so schnell nicht vom Baumarkt zurück sein wird.

Die Halbhöhen-Wohngegend mit ihren scharf getrimmten Hecken und granitgepflasterten Hauseingängen kommt mir nicht mehr schläfrig, sondern lauernd vor. Josefs wacher Geist, seine überdurchschnittliche Bildung, sein stilvolles Heim konnten nicht den Eindruck kaschieren, dass er sich gekränkt fühlt. Dass er irgendwie beleidigt wurde, marginalisiert, um Einfluss und Bedeutung gebracht.

Dass er in praktischen Haushaltsdingen sogar zeitweilig überflüssig ist. Den »kränkenden Charakter des Berufsabschieds«[21] hat er in eine Art geistigen Kampf gewendet, in eine intellektuell anspruchsvolle, subtile Aggressivität. Also sitzt er mit dem Stenoblock vor dem Fernseher, lässt sich bestätigen, dass er auch mit seinen politischen Überzeugungen von der Mehrheitsgesellschaft nicht ernst genommen wird und – protestiert. Nicht wegen seiner selbst oder gegen seine Lebenslage, nein, er protestiert im Namen des Abendlandes. Es geht um Deutschland, mindestens.

7

KEINE LUST
AUF IDEOLOGIE

Erzieherinnen in Kindergärten oder Kindertagesstätten haben so ihre Erfahrungen mit Abholern. Dass jedes Kind zwei Eltern hat und diese den gleichen Nachnamen haben – das war einmal. In Großstädten ist das inzwischen eine schöne und einfach zu merkende Ausnahme. Mehr als 200.000 Ehen werden in Deutschland pro Jahr rechtskräftig geschieden, die Zahl der Trennungen langjähriger Lebenspartnerschaften nicht mitgezählt. Trotzdem oder gerade deshalb ist die Experimentierfreude für Patchwork-Familien ungebrochen. (»Früher hatten Eltern vier Kinder, heute haben Kinder vier Eltern.«) Infolgedessen hat sich das Aufsichtspersonal »schutzbefohlener« Minderjähriger meist klaglos daran gewöhnt, pro Kind die Namen von vier oder fünf sogenannten »Abholberechtigten« zu notieren: Mamas Ex, der biologische Vater, und Mamas Freund, der momentan soziale Vater, gehen klar. Mamas Mutter und Vater, die biologischen Großeltern mütterlicherseits, gehen auch. Aber was ist mit der neuen Freundin von Mamas Ex? Ist morgen ein rechtmäßiges Besuchswochenende oder nicht? Und Mamas Ex-Schwiegervater, der väterlicherseits biologische, aber irgendwie biographisch abgeschaltete Opa?

Es steht ein alter Mann im Trenchcoat vor der Tür, den nicht alle der (häufig wechselnden) Teilzeit-Kräfte und Praktikantinnen persönlich kennen können, und der will die kleine Nicoletta außerplanmäßig abholen? Na danke schön. Er sei der Opa, sagt er. Aber Mama ist nicht über Handy erreichbar und Nicoletta will nicht mitgehen. Sie spielt doch gerade so schön. Keine Statistik kann es beweisen, aber jeder Mann über 55 kann es ausprobieren. Setzen Sie sich z.B. eine Viertelstunde neben einen öffentlichen Kinderspielplatz auf die Parkbank und Sie werden merken: Omas genießen wohlwollende Blicke. Opas lösen Argwohn aus. Vergewaltigt und ermordet werden kleine Kinder von Männern, nicht von Frauen. Basta. Zwei Dutzend um die Sandkästen und Spielgeräte verstreut sitzende Mütter unterbrechen ihre Telefongespräche und verfolgen aus Argusaugenwinkeln, was da abgeht. Ein offensichtlich mit diesem Herrn herzlich vertrautes Kleinkind ruft ihn »Opa«, springt in seine Arme, zeigt ihm Käfer und Ameisen im Sand, lockt ihn auf die Rutsche. Er hält sich beim Hinaufsteigen am eiskrem- und schnodderverklebten Geländer fest, rutscht mit dem Kind auf dem Schoß gemächlich hinunter, bemerkt nicht den so erworbenen alten Kaugummi an seiner Hose. Er weicht Sandkuchenförmchen und kleinen windellosen Nackten aus, entdeckt erst jetzt, dass der mit Taschen schwer behängte Buggy umgekippt ist und der Proviant im Dreck liegt. Fräulein Enkeltochter brüllt und bockt, wirft sich vor Wut über nicht mehr essbare Kekse auf den Boden. Rastet der Alte jetzt aus? Nein. Macht er als erstes den Schnuller der Teeflasche wieder sauber? Ja. Kann er das Kind von seinem Kummer ablenken? Auch das. Die prüfenden Blicke entspannen sich, die sorgfältig gezupften Augenbrauen gehen wieder runter, die Wahlwiederholungstasten der elektronischen Plauderblöckchen können gedrückt werden. Irgendwie spürt der Mann ab 55 die Veränderung der Atmosphäre. Hätte er Lust darüber nachzudenken, fiele ihm auf, dass er sich soeben für die freundliche Duldung in einem Mütter-Biotop qualifiziert hat. Vielleicht bekommt er von einem aufmunternden Lächeln sogar signalisiert, dass man ihn, Verzeihung, dass frau ihn nun nicht mehr mit Argwohn beäugen, sondern mit Anerkennung betrachten wird. Was Opa nicht spürt: Es ist eine »Obwohl«-Anerkennung. Ein verwundertes Staunen über seinen Umgang mit Kindern, »obwohl« er schon so alt und »obwohl« er ein Mann ist. »Obwohl« er wahrscheinlich im tiefsten Herzen ein Macho ist und »obwohl« er früher die eigenen Kinder vermutlich vernachlässigte. – Rein theoretisch. Sollte man meinen. Liegt doch nahe. Könnte ja sein.

Vor vierzig Jahren, da nahmen alte Kfz-Schlosser für einen Moment die Selbstgedrehte aus dem Mundwinkel und zogen die Augenbrauen hoch, wenn eine junge Frau vor die Werkstatt fuhr, die Motorhaube ihres Opel Kadett öffnete und sagte: »Ich glaube, es ist die Lichtmaschine.« Dann bekamen die Karre einen neuen Keilriemen und die Kundin ein erstauntes Kopfnicken. Eine »Obwohl«-Anerkennung: Hat Ahnung, obwohl sie eine Frau und obwohl sie so ein junges Ding ist. Obwohl sie wahrscheinlich dreckige Schläuche und Schrauben hasst und früher nicht einmal den Einfüllstutzen für das Öl gefunden hat. Sollte man meinen. Jetzt nur mal vom Äußeren her.

Es hat sich etwas gedreht. Darüber sinniert Opa nach, während er mit dem kleinen Mädchen zu einer Grundschule fährt und dort ihre zwei älteren Halbgeschwister abholt. Um die drei Kinder zu der Frau zu bringen, die jetzt bei seinem Sohn wohnt. Also zu der Stiefmutter seiner Enkelin. Irgendwas hat sich gedreht, denkt Opa beim Wäschewechseln daheim und erinnert sich: Als er so alt war wie sein Sohn heute und übers Wochenende seiner Freundin den ollen Kadett mit dem porösen Keilriemen auslieh – da trug er Rauschebart und Nickelbrille. So eine wie John Lennon sie hatte oder Mahatma Ghandi. Auf der Latzhose waren Friedenstaube-Button und »Atomkraft nein danke!«-

Aufkleber gut sichtbar angebracht. Den aromatisierten Tee trank man aus runden Tontöpfchen ohne Henkel, obwohl das höllisch heiß war an den Fingern. An der Innenseite der Wohnungstür in der Altbau-WG hing das schwarzweiße Fotoposter »Why?«, auf dem dieser Kämpfer im spanischen Bürgerkrieg gerade erschossen wird. Über dem Küchentisch hing ein riesiger weißer Ballon aus Japanpapier, und wenn man etwas essen, sagen oder tun wollte, fragte man die Freundin vorher: »Ist das okay für Dich, Du?« Die Freundin wiederum hatte, wie fast alle halbwegs linken Bürgertöchter ab 1980, Svende Merians »Tod des Märchenprinzen« gelesen. Von einer Hochzeit in Weiß träumte sie aber weiter. Und musste sich dafür gegenüber ihrer Dozentin im Fach Sozialwissenschaften rechtfertigen. Es waren schließlich Männer gewesen, die zwei Weltkriege, den Holocaust und den Vietnamkrieg verursacht hatten, und es war die Institution Ehe, die der Bourgoisie als Knebel und Knute gegen weibliche Selbstverwirklichung diente. Die beiden heirateten – sie in einem lindgrünen Kleid von Laura Ashley, er in einer schneeweißen Latzhose, beide in ihrem Opel Kadett zur Kirche fahrend. Sie machten selbstverständlich und ganz pragmatisch das, was Familientherapeuten später als »partnerschaftliche Aufgabenverteilung der Familienarbeit jenseits tradierter Rollenklischees« lobten. Dass man ihn, den langmähnigen Zauselbart mit Baby im Tragetuch, zehn Jahre später in Büchern und Zeitschriften als »Softie«, »Weichei« und »Frauenversteher« belächeln würde, konnte er damals doch nicht ahnen!

Die nach 1975 geborenen Frauen bekommen manchmal gesagt, Feminismus sei »die weibliche Seite der 68er« gewesen, aber das stimmt nicht. Auch linke Studentenrevolutionäre konnten stockbürgerliche Machos sein. Und »Gretchen« Dutschke hieß nicht nur so, sie war zu Hause auch eins.[22] Die faktische Frauen-»Befreiung« im Arbeits- und Familienrecht, in der Politik, in der Kulturszene, in Wissenschaft und Wirtschaft kam nicht 1968, sondern zehn Jahre später und meist auf leisen Sohlen daher. Frauencafés, Frauenliteratur, Frauenhäuser, Frauenaktionstage, Frauenfußball, Frauenforschung und Frauenförderungsmaßnahmen entstanden eher evolutionär als revolutionär. Die weibliche Eroberung ehemals »typischer« Männerberufe wie Soldat, LKW-Fahrer, Boxer oder Bundeskanzler beobachtet Opa seitdem mit interessiertem Wohlwollen. Paradox männerfixierter Sprachgebrauch war ihm zwar manchmal aufgefallen: »die erste Frau in der Geschichte der bemannten Raumfahrt«, das »herrenlose Damenfahrrad«. Über die übertriebene Gegenreaktion, die politisch korrekte »frauengerechte« Sprache, macht er sich trotzdem hin und wieder lustig. »Liebe Anwesende, liebe Anwesendinnen«, »zeigen Sie mal Ihren Führerinnenschein«, »ist die Kontonummer auf der Überweisungsträgerin richtig?« Im Prinzip hat er aber nichts dagegen, dass »gerechter« gesprochen werden soll.

Die kulturellen Erbinnen von »Emma«, die heute 30jährigen Nutznießerinnen all der geschlossenen Gesetzes- und Bewusstseinslücken, verdrehen über Alice Schwarzer & Co genervt die Augen. Sie wollen alles sein, bloß keine »Kampf-Emanzen«. Das stellen Berliner Alt-68er und Hamburger Ex-Hausbesetzer genauso erstaunt bei ihren erwachsenen Töchtern fest wie Münchner Wackersdorf-Protestierer und Frankfurter Startbahn-West-Gegner. Die jungen Damen sind undankbar! Aus der Sicht ihrer Vorkämpferinnen zumindest. Wie lässig sie spotten können: »Vorsicht. Bei weiblichen Partygästen über 50 mit Doppelnamen, hennagefärbten Haaren und gebatiktem Wickelrock muss jederzeit mit Barfußtanzen gerechnet werden!«[23] Und wie selbstverständlich sie ihren weiblichen Charme in der Arbeitswelt ausspielen können. Das verwundert sowohl deren Mütter wie die frauensolidarischen älteren Herren bisweilen doch sehr.

Mütter und Väter jenseits der 50 haben vielleicht nicht so richtig mitgekriegt, dass es anschwellenden Männerprotest gegen die frauenemanzipierte Welt gibt, weil sich diese Gegenbewegung zunächst innerhalb kirchlicher Kreise formierte: »Ganz Gallien ist von der Gleichstellung der Geschlechter erobert«, konnte man mit Asterix & Obelix sagen, »ganz Gallien? Nein.« Dieses unbeugsame Dorf, dachte Opa bisher, das sind die katholische Kirche und der konservative Flügel der evangelischen Kirche. Wo Frauen keine Priesterinnen werden oder nicht predigen dürfen, ehrenamtliche Mitarbeiterinnen zwar viel zu tun, aber nichts zu sagen haben und in russlanddeutschen Freikirchen Frauen und Männer noch getrennt sitzen müssen. Der Laienbruder, ein Heizungsinstallateur, predigt vorne und die Schwester im Glauben, eine promovierte Religionslehrerin, schweigt hinten. Weil der Apostel Paulus das so wollte, heißt es.[24]

Aber nun gut, unser Grundgesetz garantiert die Gewissens- und Religionsfreiheit. So lange Frauen mit ihrer Degradierung einverstanden sind, nicht geschlagen und nicht zwangsverheiratet werden, sind der breiten deutschen Öffentlichkeit die exotischen Eigenarten religiöser Minderheiten im Grunde wurscht. Im toten Winkel dieses öffentlichen Desinteresses aber, Mitte der achtziger Jahre, als die heutigen »Silver Liner« in der beginnenden Lebensmitte Häuser bauten und Kinder zeugten, baute sich weit draußen auf dem Büchermeer eine Woge auf. Ein zölibatär lebender Katholik in der Nachfolge des sanften Franz von Assisi, Pater Richard Rohr aus Albuquerque/New Mexiko, sandte seine Leser 1986 auf zwei Reisen: Die eine ging zur »inneren Weiblichkeit« nach dem Vorbild des biblischen Jüngers Johannes[25] und die andere zur »echten Männlichkeit« nach dem Vorbild des biblischen Täufers Johannes[26]. Sein Buch hieß »Der wilde Mann«[27], war eigentlich nur die übersetzte Niederschrift von vier Vorträgen, schlug aber innerhalb und außerhalb christlicher Kreise wie eine Bombe ein. Warum? Weil Richard Rohr aus den (archetypischen Bild-) Quellen des Schweizer Psychoanalytikers C.G. Jung, aus der Befreiungstheologie Lateinamerikas und aus seinen eigenen spirituellen Exerzitien einen Weg der »Männerbefreiung« jenseits von Softie und Macho bahnte. Befreiung? Wovon? Richard Rohr meinte damals, befreit werden müsse der moderne Mann aus der Vorbildlosigkeit seiner »vaterlosen« Herkunftsfamilie – was in Deutschland die Söhne von Nazi-Mitläufern und Wehrmachtslandsern besonders gut verstanden – und aus der Überforderung, in der Ehe ein zärtlicher Liebhaber, im Beruf aber ein harter Bursche sein zu müssen.

1990 akzentuierte das ein zweiter Bestseller schon ganz anders und die Welle neuer Überlegungen zur Männlichkeit wogte höher. Nicht aus der Bibel, sondern aus Grimms Märchen nahm der damals 64jährige Mythologie-Forscher Robert Bly den Typ des »Eisenhans« zum Vorbild, um in den Seelen seiner Leser »den König, den Krieger und den wilden Mann auszugraben«.[28] Ausgraben? Wieso? Wurden die denn verschüttet? Von wem? Von der Tatsache, dass die Vätergeneration kein gutes Vorbild als König, Krieger oder wilder Mann mehr abgab. Verschütt' gegangen waren König, Krieger und wilder Mann durch ein geändertes Berufsbild, das nach »weiblichen« Qualitäten fragte. Vor allem aber durch den Feminismus und eine zunehmend weiblich dominierte (Negativ-)Bewertung ureigener männlicher Eigenschaften. Damit stand der »Eisenhans« von Robert Bly im Verdacht, dass die gesuchte »neue Männlichkeit« in Wirklichkeit lediglich die alte sei: Der 60er-Jahre-Patriarch nämlich, märchenmythologisch leicht aufgehübscht. Und was kommt dabei raus, wenn zehn Jahre später ein ehemaliger Mitarbeiter des US-evangelikalen Medienkonzerns »Focus on the Family« aus Colorado Springs den Bly'schen »Eisenhans« auf biblische Flaschen zieht? Ohne die intellektuelle Besonnenheit eines Richard Rohr, dafür aber mit ganz viel Cowboy-Kitsch? »Der ungezähmte Mann« von John Eldredge[29] kommt dabei raus. Der englische Originaltitel – »Wild at Heart« – ist der Begeisterung des Autors für den Kinofilm »Braveheart« geschuldet. Schluss müsse sein mit diesen verweichlichten Triefnasen in christlicher Demutsgeste, die sich ihre Schwächen auch noch zugutehalten. Schluss mit Männern, die immer nett, immer zahm sind und Jesus nur als Opferlamm sehen.[30] Jesus sei schließlich auch der Löwe von Juda[31], Männer seien im Grunde Abenteurer, die Drachen töten, Schlachten schlagen und Prinzessinnen retten müssen. Und das Tollste: Frauen wollten solche Helden! Was Eldredge mit weitschweifigen Anekdoten über gemeinsame Jagd- und Kanu-Touren mit seiner Gattin zu belegen wusste.

Der Mann sollte recht behalten: Vor allem *Frauen* kauften sein Buch. Das Verblüffende (viele Pfarrerinnen sagten: das Bestürzende) am »ungezähmten Mann« ist nicht das simple Menschenbild, sondern der phänomenale Erfolg eben dieses Menschenbildes bei frommen Leserinnen. Offenbar war auch in deutschen Kirchenkreisen angekommen, was die amerikanische Erotik-Bestseller-Autorin Erica Jong (»Angst vorm Fliegen«) mit einem Beispiel aus dem Kinoklassiker »Vom Winde verweht« einmal so beschrieben hat: »Es ist der modernen Frau lieber, ein Rhett Butler schleift sie die Treppe ins Schlafzimmer hoch, als dass er diese Treppe putzt.«[32] Es war nur eine Frage der Zeit, wann der nächste echte Kerl das Donnern der schaumgekrönten Protestwelle gegen Frauen und Frauenversteher auf dem Büchermeer verstärken würde. 2011 fragte sich Bärenjäger David Murrow aus Alaska: »Warum Männer nicht zum Gottesdienst gehen«, vor allem »Trucker, Trapper, Holzfäller und Ölbohrinsel-Arbeiter nicht«.[33] Ganz einfach: Weil nirgends nerviger als in den Kirchen und Gemeinden eine süßlich-weichlich-weibische Kultur des permanenten Geplappers herrsche. Statt dass man Konflikte kurz und klar »unter Männern« kläre. Draußen, im Schnee, im fairen Faustkampf.

Großvater, 55 oder 60 plus, hat die sandigen Socken vom Spielplatz in den Wäschekorb geworfen, hat die kaugummiverklebte Hose gegen eine saubere gewechselt und ist auf der Treppe zwischen Bad und Wohnzimmer an einem gerahmten Foto seines Sohnes stehen geblieben. Erster Schultag 1985. Der Junge hatte darauf bestanden, eine Farbkopie des Bilderbuchcovers »Wo die wilden Kerle wohnen« auf die Schultüte zu kleben. Die kurze Vorlesegeschichte handelte davon, wie Max ohne Abendbrot ins Bett geschickt wird, in den Wald geht, dort die Monster zähmt, von ihnen zum König gekürt wird und am Ende doch alles nur ein Traum war. Hat es was zu bedeuten, dass Maurice Sendaks Kurzgeschichte aus dem Jahre 1963 knapp 30 Auflagen erlebte und 48 Jahre später als Spielfilm in die Kinos gekommen ist? Und dass dort nicht etwa nur Kinder, sondern junge Businessmänner sitzen? »Wo die wilden Kerle wohnen« – ein Kultfilm für Erwachsene?! Irgendwas hat sich gedreht, denkt Opa und seufzt.

Ende der 80er Jahre entstanden Vereine wie »Väteraufbruch«, später »Manndat« oder »Agens«, die sich in der Familien- und Sozialpolitik, vor allem aber in den Medien für die Rechte von Vätern einsetzten. Für die (Sorge-) Rechte getrennt lebender, geschiedener oder nichtehelich lebender Väter zunächst, weil sie einen Komplott von Müttern und Familientherapeutinnen, Erzieherinnen und Familienrichterinnen, eine grundsätzlich feministisch-ideologische Voreingenommenheit festzustellen glaubten. Männer seien halt nicht immer die Schurken in einem Rosenkrieg, sondern immer öfter auch die Opfer. Was ja zweifellos stimmt. Trotz Novellierung des Sorgerechts durch den Bundestag 1998 zugunsten der Väter wurde der Ton der »Männerrechtler« um die Jahrhundertwende schärfer und schriller. Inzwischen war nämlich die Benachteiligung von Jungen im Bildungswesen offensichtlich und aktenkundig geworden. Im Kindergarten, gleich welcher Trägerschaft, arbeiten zu 95% Erzieherinnen, in deutschen Grundschulen unterrichten zu 86% Prozent Lehrerinnen, am Gymnasium immerhin noch 51,2% Studienrätinnen. »Der einzige männliche Erwachsene, den das Kind zu sehen bekommt, ist der Hausmeister.«[34] Dass pubertierende Mädchen im Sportunterricht ungern von Jungen beobachtet und höhnisch kommentiert werden, war Sportlehrerinnen schnell einsichtig. Dass pubertierende Jungen ungern Fremdsprachen lernen, wenn Mädchen ihre Aussprache-Versuche höhnisch bekichern, ist vielen noch immer nicht klar. Trotzdem oder deshalb wird der »koedukative Unterricht«, also der gemeinsame von Jungen und Mädchen, in vielen Schulen wie eine Trutzburg der Geschlechtergleichbehandlung verteidigt. Und auch zu Hause (bei der immer häufiger alleinerziehenden Mutter) darf der flaumbärtige Teenagerknabe nicht mit allzu viel Verständnis rechnen, wenn seine Leistungen abfallen. Auch wenn Mama gerade erschrocken in der Zeitung liest, dass es vier Mal mehr männliche als weibliche Stotterer gibt, drei Mal so viel Selbstmordversuche und zehn Mal mehr männliche als weibliche Schulabbrecher. Von der Tatsache, dass 97% aller Jugendstraftaten von Jungen begangen werden, ganz zu schweigen. Steht Mama an einem Werktag morgens zwischen sieben und acht an einer städtischen Bus- oder Straßenbahnhaltestelle, beobachtet sie etwas, das ist sozialwissenschaftlich sofort mit tausend Gegenbeispielen widerlegbar. Aber komischerweise ist es niemandem unbekannt: Da stehen junge Frauen, im Alter von schätzungsweise 18 bis 25 Jahren, in Bluse und Hosenanzug, Rock und Jacke. Es sind angehende Reisekauffrauen, Bankangestellte, Physiotherapeutinnen oder EDV-Sachverständige. Sie haben selbstverständlich einen Führerschein, manchmal auch einen eigenen Kleinwagen, sie wohnen in WGs und würden vom ersten Ersparten gern mit einer Freundin nach Mallorca fliegen. Neben ihnen stehen gleichaltrige junge Männer in Muskel-T-Shirt und

Kapuzensweater, militärfarbener Buggyhose und riesigen Chucks. Die hängen in schulischen Endlosschleifen und beruflichen Fördermaßnahmen und wissen nicht genau, was sie beruflich gerne täten, nur halt nichts »Spießiges«. Fast ausnahmslos zu Hause bei Muttern wohnend, wirken sie seltsam unerwachsen, irgendwie verschusselt und verbummelt, spätpubertär verträumt. Nicht ganz ernst zu nehmende Schlakse, die aber genau das unbedingt wollen: Ernst genommen werden.

Wo ein gesellschaftliches Problem ist, ist auch bald ein Forschungsauftrag. Und so konnte Soziologieprofessor Gerhardt Amendt, Leiter des »Instituts für Geschlechter- und Generationenforschung« an der Bremer Universität, auf empirische Studien gestützt ab Mitte der nuller Jahre wettern, all dies sei das Ergebnis »einer ideologischen Feminisierung der Gesellschaft«. Das Programm »Gender Mainstreaming« (die Förderung von Geschlechtergerechtigkeit in Behörden und Konzernen, Schulen und Betrieben, in Kultur und im öffentlichem Leben) sei »eine verkappte Frauenförderung, letztlich nichts anderes als die staatliche Umerziehung der Männer. Ein Konzept, das im Wesentlichen in der schwullesbischen Subkultur formuliert wurde«.[35]

Vereinfacht gesagt: Was einst als Gleichstellung gedacht war, ist zur Verachtung alles Männlichen ausgeufert. Schuld sind außer den Frauen vor allem die Schwulen. Es gäbe, sprang ihm Soziologiekollege und Männerforscher Walter Hollstein zur Seite, einen »feministischen Angriff auf die Bilderwelt des Mannes und damit auf seine Identität, denn das Bild, das Männer von sich haben, ist identitätsstiftend.« Hollstein weiter: »Einst hochgelobte männliche Eigenschaften wie Leistungswille, Disziplin und Autonomie werden umgedeutet zu Karrierismus, Zwanghaftigkeit und Beziehungsunfähigkeit. Das Gros der Arbeitslosen, Hilfsarbeiter, Obdachlosen und chronisch Kranken ist männlich, ohne dass jemand dies zum Anlass nähme, darin eine gesellschaftliche Ungerechtigkeit zu sehen.«[36]

Das hörten nicht nur verbitterte Scheidungsväter mit Genugtuung, sondern auch jene Männer, die sich – unterschwellig, versteht sich – von all den wortgewandten, gutaussehenden Nachrichtensprecherinnen und Moderatorinnen im Fernsehen verunsichert fühlten. Die sich von den taffen Politikerinnen in Bund und Ländern, von den wichtigtuerischen Rollkoffer-Geschäftsfrauen auf Bahnhöfen und Flughäfen, von den schicken Cabriofahrerinnen, den freundlich energischen Ärztinnen und den klugen Apothekerinnen zurückgesetzt, herabgesetzt und übertölpelt fühlten. Je niedriger der Bildungsstand und je konservativer die politische Grundeinstellung der verunsicherten Männer ist, umso schneller verklumpen die einzelnen Zutaten der Geschlechtergerechtigkeit zur übelriechenden Teigmasse: Echte Kerle kriegen keine Chance mehr. Was uns Spaß macht, wird belächelt. Was wir gut können, ist nicht gefragt. Etwas vornehmer ausgedrückt: Die Deutungshoheit, was richtiges und was falsches Verhalten im Alltag ist, haben Frauen!

Nur der pro-feministische Mann sei der öffentlich erlaubte Mann, klagen die Männerrechtler. Hier stimmen jene kirchlich »Wertkonservativen« laut mit ein, die immer schon das patriarchale Ehemodell der 60er Jahre, die Mutterschaft aller gesunder Frauen und die Unsichtbarkeit homosexueller Menschen herbeisehnten: pluralitätsmüde Bürger, die vom Staat eine politische Festschreibung »natürlicher« Geschlechterrollen verlangen, also »das Normale« stärker geschützt haben wollen. Wobei die uralte Debatte, was außer den Geschlechtsorganen »natürlich männlich« und »naturgegeben weiblich« sei, von keiner Wissenschaftsdisziplin jemals letztgültig beantwortet wurde. Trotzdem: Rechtsnationale Zeitungen wie die »Junge Freiheit« und sogar intellektuell-bildungsbürgerliche Edelgazetten wie »FAZ« oder »Cicero« benutzten die Diskussion um Jungen-Förderung im Bildungswesen und Männergerechtigkeit in der Sozialpolitik als Plattform, um mit »dem Feminismus« abzurechnen. Auf katholischen Webseiten und in evangelikalen Tendenzblättern werden kinderlose Karrierefrauen verteufelt und staatliche Betreuungsangebote verunglimpft, so als wären KiTas sozialistische Umerziehungslager. Publizist Thomas Gesterkamp nannte das einen »Familienfundamentalismus«[37], der die angeblich gottgewollt natürliche Rollenzuweisung für Mann und Frau genauso dogmatisch betonieren will wie das »Gender Mainstreaming« die angeblich absolute und totale Gleichheit der Geschlechter. Erzfeinde ähneln sich halt bald.

Es hat sich was gedreht, denkt der fünfzig-/sechzigjährige Ehemann einer soft-feministischen, nicht hennagefärbten Frau ohne Doppelnamen und Batikrock. An den Familienfotos entlang, treppab und quer durchs Wohnzimmer, erreicht er den zweitgrößten Raum des Hauses: sein Arbeitszimmer. Es heißt immer noch so. Er lässt sich in den Chefsessel fallen – der heißt auch immer noch so – und denkt an seinen Sohn. Der ist knapp 30, eigentlich Informatiker, und muss sich gegen exzellent ausgebildete Konkurrentinnen auf dem Arbeitsmarkt behaupten. Abends entspannt sich Sohnemann daheim beim Spiel mit den Kindern. Den zweien, die seine Lebensgefährtin mit in die Beziehung brachte, und ihrem gemeinsamen. Ein im Prinzip pro-feministischer junger Mann mit einer prinzipiell post-feministischen Freundin. Die beiden können ihre anstrengende Patchworkfamilie nicht einfach dadurch über die Runden retten, dass sie in die konservativen Rollenklischees von TV-Ekel Alfred Tetzlaff oder Familie Hesselbach zurückfallen. Aber auch nicht dadurch, dass jedes Stündlein Broterwerb, Haushalts- oder Familienarbeit, jede Höflichkeitsgeste und jeder Gedankenaustausch politisch korrekt »gender gemainstreamt« wird.

Das findet Opa übrigens gut an allen seinen Kindern und Schwiegerkindern: Für Ideologie-Debatten sind die viel zu pragmatisch. Bevor die Lebensgefährtin seines Sohnes ihm z.B. heute Morgen die Kleine in den Buggy und die Teeflasche in die Hand drückte – »geh mit ihr ruhig mal auf den Spielplatz« –, hat sie bestimmt nicht lange über das pädagogische Für und Wider dieser Betreuung gegrübelt. Also über die Frage, ob Opa das nicht nur kann, sondern auch erzieherisch gut macht. Obwohl er doch schon so alt ist. Und ein Mann. Und vielleicht tief im Herzen ein Macho. Und obwohl er vermutlich keine Ahnung hat, was sich in den letzten zehn Jahren gendermäßig so alles getan hat.

8

KARL –
UND WAS ZUM
GLÜCK NICHT
FEHLT

»Kaum bin ich pensioniert, bricht die deutsche Atomindustrie zusammen.« Er, den ich hier Karl Zinn nennen will, lacht und bittet mich herein. Wir treffen uns wenige Wochen nach dem spektakulären Beschluss der schwarzgelben Regierung Merkel vom 6. Juni 2011, acht deutsche Atomkraftwerke sofort und alle weiteren stufenweise bis zum Jahr 2022 abzuschalten. U.a. deswegen besuche ich ihn. Den Rentner, der über 35 Jahre lang für die Sicherheit von Kernkraftwerken mitverantwortlich war. »Ich hab' auch mal eins abschalten lassen, so ist das nicht.« Pause, verschmitztes Grinsen. »Aber nur für kurze Zeit. Bis unsere Beanstandungen behoben waren.«

Er hat sich hochgearbeitet. Erst Diplom-Ingenieur für Elektrotechnik, dann Studium der Kerntechnik an der Technischen Universität München, dann fünf Jahre Siemens und schließlich Chef von zwei Abteilungen beim TÜV, der im Auftrag der Landesumweltministerien die regionalen Kernkraftwerke überprüft. »Prüfen, prüfen, prüfen. Von der Genehmigung der Pläne zur Errichtung eines Meilers, über die Inbetriebnahme bis zur regelmäßigen Kontrolle des laufenden Betriebs.« Karl sagt das ohne hochgezogene Augenbrauen. Ist er denn kein bisschen stolz auf die Macht, die er mal hatte? »Stolz wäre das falsche Wort. Wir wurden ja von den Technikern in den Kraftwerken nicht gefürchtet wie ein Steuerfahnder, der die Buchhaltung einer Bäckerei sehen will. Wir wurden als Fachkollegen geschätzt, mit denen man sich über technische Neuerungen und die Analyse von Störfällen unterhalten konnte. Wenn ihre schriftlichen Regelwerke und die gesetzlichen Bestimmungen der Aufsichtsbehörde nicht mehr dem Stand der einzelnen Komponenten entsprachen, dann waren wir es, die das aktualisieren konnten. Als Scharnier zwischen Umweltministerium und Betreiber sozusagen. Das Vertrauen und die Kooperation von, ich schätze mal, tausend Kernkraft-Ingenieuren auf der ganzen Welt erwirbt man sich nicht durch beamtenhaftes Machtgetue, sondern durch Mitredenkönnen auf Augenhöhe. Von hochqualifizierten Spezialisten fachlich ernst genommen zu werden – das hat mich schon, sagen wir mal, gefreut.«

Ist Karl Zinn von Haus aus so bescheiden oder hat er es sich nur abgewöhnt, ehrpusselig zu sein? Achtstundentage gab es selten, 50% seiner Arbeitszeit im Jahr war er unterwegs – »bei Komponentenherstellern und Zulieferern, deren Produkte wir ja auch zu prüfen hatten« –, auf internationalen Fachkongressen rund um den Globus hielt er Vorträge. »Manchmal drei Sessions an einem Tag geleitet«. All diese Erfolgserlebnisse erwähnt er weder angeberisch noch in koketter Untertreibung. Nicht die Spur einer stammtischkrachenden »Was-hamwer-damals«-Erinnerung. Aber Verantwortung tragen bringt doch Aufwertung! Ich versuche abermals, ihn aus der Reserve zu locken. Einfluss haben und wichtig sein stärkt doch das Selbstwertgefühl, oder nicht? »Sicher«, nickt Karl und gießt uns Mineralwasser ein. »Aber im Grunde habe ich erst Monate nach meiner Pensionierung gespürt, wie viel Verantwortungsdruck damit von meinen Schultern genommen wurde. Während der knapp vierzig Jahre im Beruf war das keine Last für mich.« Ich schaue so ungläubig drein, dass er nachlegt: »Zum Beispiel in der Silvesternacht der Jahrtausendwende, am 31. Dezember 1999 um 23.59 Uhr – da stand ich im Kontrollraum von Neckarwestheim.« »Weil die Angst umging, die Computer könnten die Zahl 2000 falsch interpretieren?«

Viele Rechner konnten nur drei Digits bis 999 verarbeiten, den vierten aber nicht. »Ja. Es war selbstverständlich, vor Ort zu sein. Auch zu so einer unchristlichen Zeit.«

Ein bei Rentnern häufig beobachtetes Phänomen treffe ich hier nicht an. Je schmerzlicher der Abschied von Macht und Einfluss war, umso glorreicher idealisieren manche die zurückliegenden Berufsjahre. Karl tut das nicht. Und was ist mit dem umgekehrten Phänomen? Je schmerzlicher der Statusverlust war, umso heftiger wird beteuert, wie froh man sei, aus dem Laden endlich raus zu sein. Wie erleichtert man sei, dass die neuesten Entwicklungen einen nicht mehr betreffen und dass die jüngeren Nachfolger jetzt »die Lichter alleine ausknipsen müssen«.

Nein, kein Blick-zurück-im-Zorn. Der knochentrockene Ingenieur für elektronische Steuerungstechnik denkt offenbar genauso entspannt an seine Berufstätigkeit zurück, wie er gerade vor mir sitzt: Rotes T-Shirt, blaue Jogginghose, graue Pantoffeln. Eine »stattliche Erscheinung« stelle ich mir anders vor. Zwölf Ingenieure hatte er unter sich, einen Hauptabteilungsleiter und einen Geschäftsführer über sich. »Einmal bekam ich einen Anruf, ob der Chef zu sprechen sei. Der stand gerade in meinem Büro, schüttelte heftig den Kopf und winkte ab. Ich reichte ihm den Telefonhörer rüber und sagte: ›Dass Sie nicht da sind, sagen Sie dem Anrufer am besten selbst.‹« »Und seitdem gab es portionierte Rache?«, vermute ich, »Intrigen, Schikane, Mobbing?« »Überhaupt nicht. Wir sind immer noch freundschaftlich verbunden. Ich gehe zwei Mal im Jahr zum TÜV-Rentner-Treff und nehme auch noch gerne die Einladung zum Betriebsausflug an.«

Noch ein unauffälliger, aber bemerkenswerter Unterschied. In der einschlägigen Fachliteratur ist zu lesen, je höher die Position in der Firmenhierarchie war, umso seltener ließen sich die pensionierten Amtsträger auf Empfängen, Jubiläen, Betriebsausflügen und Weihnachtsfeiern ihrer alten Firma blicken. Im Adressverteiler bleiben und offiziell eingeladen werden? Ja, unbedingt. Hingehen? Eher selten. Man möchte in Erinnerung bleiben, sich aber nicht in Erinnerung rufen. Außerdem, so hatte ich vor meinem Besuch bei Karl von etlichen anderen Männern gehört, lebten die Gespräche bei solchen Wiedersehensfesten ja von gemeinsamen Erlebnissen, gemeinsam bekannten Auslöser-Stichworten und Namen. Dieses »teilbare Gemeinsame« wird aber kleiner, je länger die Berufstätigkeit zurück liegt und je weniger neue Mitarbeiter man kennt. Peu a peu schlafen die Kontakte zu befreundeten ehemaligen Kollegen ein. Ist also alles anders bei Karl, dem Kernkraftkontrolleur vom TÜV?

Ich unternehme eine dritte und letzte Probebohrung, ob in den Tiefenschichten seines Gemüts nicht doch ein wenig Wehmut oder gar Bitterkeit zu finden sind: »Dreieinhalb Jahrzehnte Berufsleben für die Atomkraft und am Ende Fukushima! Den endgültigen Ausstieg der Bundesregierung aus der Laufzeitverlängerung nannte die FAZ ›Das Ende des dreißigjährigen Krieges‹. Und der japanische Ministerpräsident sagte beim Gedenktag zum Atombombenabwurf auf Hiroshima am 6. August, man könne wohl doch nicht zwischen friedlicher und tödlicher Nutzung der Kernenergie unterscheiden. Wie geht es Dir, wenn Du das liest?« Karl Zinn schweigt und überlegt. Sein Blick geht zur Wand über dem Esstisch, wo mir erst jetzt eine Unmenge von Kinder- und Familienbildern auffallen. Jungen, Mädchen, Männer, Frauen. Jedes Alter. Sommer, Winter, Urlaub, Schule – viele Einzelporträts hängen da, Bilder von Paaren, Gruppenfotos. »Na ja«, holt Karl tief Luft, »Kernkraftwerke waren und sind so sicher, wie etwas von Menschen Gemachtes sicher sein kann. Sie werden härter und häufiger gecheckt als jeder Jumbo-Jet. Gegen Materialermüdung oder einen Trafo in Brunsbüttel, der brennt, weil er mit Öl betrieben wird, kann man was machen. Gegen die Fehlerhaftigkeit von Menschen nicht. Und gegen Naturkatastrophen letztlich auch nichts. Was mich manchmal gekränkt hat, ist, dass in der Öffentlichkeit niemand würdigt, was wir geleistet haben.« Er überlegt wieder einen Moment lang. »Aber das ist doch berufstypisch«, will ich ihn etwas holprig trösten, »Bodyguards werden ja auch nicht mit der Zeitungsschlagzeile geehrt ›Heute wieder kein Attentat auf die Kanzlerin‹.« »Das stimmt. Unser Job war, dass nichts passierte und es keinen Anlass für Alarm gab. Aber wenn auf der rechten Rheinseite der Salat untergepflügt werden muss, weil er strahlenbelastet sein könnte, und dann der Salat von der linken Rheinseite verkauft wird, aus Frankreich, 700 Meter weiter – das ist schon absurd.«

Absurd, sagt Karl. Nicht zynisch. Ich staune. Wie viel Verachtung für »die Medien« hätte sich bei ihm aufstauen können im Laufe der Jahrzehnte. Wenn Atomkraftwerke als störanfällig gebrandmarkt wurden, sobald die Schranke im Parkhaus klemmte. Wie viel Bitterkeit gegen »die Politiker« müsste er hegen, wenn jeder Wahlkampf in irgendeinem Bundesland für neue Kehrtwenden in der Gesetzgebung sorgte. So viele Uneindeutigkeiten auf Ministeriumsseite, so viele Durchstechereien bei den Betreibergesellschaften hat es gegeben – Karl Zinn sitzt da und ist das Gegenteil eines Märtyrers. Kein Opfer-Pathos, kein Schaum vor dem Mund, kein Wehgeschrei eines ewig Missverstandenen. Stromerzeugung durch Kernspaltung wird es in Deutschland bald nicht mehr geben, basta. Und Karl sagt: »Hoffentlich reichen die erneuerbaren Energiequellen.« Ja, sage ich, muss man mal sehen. Dabei ist er alles andere als ein Phlegmatiker. Lang ist die Liste der Dinge, Zustände und Personen, die ihn ärgern. Manches davon schwitzt er sich weg: An drei Tagen der Woche geht Karl je zweieinhalb Stunden lang ins Fitness-Studio. Aber: Es herrscht Ruhe im Karton, wenn er an seinen Beruf denkt.

Es gibt ein etwas pastoral klingendes Wort für Karls Zustand: Gehaltensein. Einer der Gründe für dieses im-seelischen-Gleichgewicht-Gehaltensein wird mir klar, als Karl die Fotogalerie an der Wand erläutert. »Das ist unsere Älteste, verheiratet mit einem Architekten, drei Kinder. Dann die zweite, verheiratet mit einem Pastor, zwei Kinder. Die dritte ist mit einem Verwaltungsfachmann verheiratet und hat ein Kind. Und unsere Jüngste mit einem Volkswirt, die haben auch ein Kind.« »Vier Töchter, vier Schwiegersöhne, sieben Enkel machen zusammen mit Dir und Deiner Frau 17 Geburtstage pro Jahr«, staune ich. »Mehr«, sagt Karl, »wir haben schließlich noch Geschwister und ein gutes Verhältnis zu den Eltern unserer Schwiegersöhne. Rechne mal mit rund 25 potentiellen Anlässen für Familienfeiern. Jährlich.« Er lächelt die Bilder an, schaut zu mir herüber. Jetzt erkenne ich jene Spur von Stolz, die ich bei der Aufzählung seiner Berufserfolge vermisst habe. Manch anderer Mann würde beim Gedanken an mehr als zwei

Dutzend Geburtstagsfeiern jährlich in Schockstarre fallen. »Und wer kann sich all die Termine und Geschenkwünsche merken?« »Die Termine weiß mein Laptop, die Geschenke meine Frau.«

Hat der Volkswirt unter seinen Schwiegersöhnen schon einmal ausgerechnet, wie viel Konsumgüterumsatz die rund 20 Millionen Opas und Omas dieses Landes machen? Einfach nur dadurch, dass sie Kinder und Enkel beschenken? Von den vier Hochzeiten, die Karl in den letzten zehn Jahren mitbezahlt haben dürfte, ganz zu schweigen. Als hätte er meine Überlegungen zur Wirtschaftsförderung des regionalen Einzelhandels erraten, sagt Karl: »Obwohl ich neben der staatlichen eine gute Betriebsrente kriege, habe ich jetzt etwa 30% weniger Einkommen als vorher. Und das Komische: Wir merken es kaum.« Wie bitte? Skepsis kräuselt meine Stirn: »Wer ein knappes Drittel Verlust nicht bemerkt, hatte vorher 30% zu viel!« Es soll nicht tadelnd klingen, aber so ist es doch, oder? »Nee, da waren die Kinder noch in Ausbildung und wir haben uns finanziell stärker in der Gemeinde engagiert.«

Das ist wahrscheinlich der zweite Grund für Karls Gehaltensein: Die Kirchengemeinde. Durch alle Höhen und Krisen hindurch – mit diesen und mit jenen Pastoren, Hausmeistern und Leitungsverantwortlichen – lebt dieser Mann in einer Gemeinschaft von Gleichgesinnten, die sowohl locker als auch verbindlich ist. Nicht alle Gottesdienstbesucher muss man kennen. Nicht alle religiösen Überzeugungen muss man teilen, nicht alle spirituellen Ausdrucksformen gut finden oder mitmachen. Aber: Mit einigen dieser Christenmenschen kann man befreundet sein. Gut befreundet sein sogar. So bildete sich in vier Jahrzehnten ehrenamtlichen Engagements um seine direkte Großfamilie ein zweiter Ring aus Menschen, denen Karl und sein Befinden nicht egal ist. Die »nach ihm fragen« und »mal nach ihm schauen«. Auch dann, wenn es ihm so gut geht wie jetzt. Eineinhalb Jahre nach der Pensionierung.

9

UND?
WAS MACHEN
DIE KINDER?

Was tun Sie, wenn Sie beim Telefongespräch mit Ihrer Tochter hören, dass sie parallel noch ganz andere Dinge tut? Im Hintergrund scheppert Geschirr, es blubbert Wasser in ein Gefäß, es werden Stühle gerückt. Nun gut, warum sollte sie während häuslicher Erledigungen nicht auch zuhören können? Aber wenn im Laufe des Telefonats eine Computertastatur klappert, ganz still, nur so hin und wieder? Mutter würde fragen »Surfst Du im Internet?« und munter weiterplaudern. Vater würde das Telefonat freundlich, aber zügig beenden. Weil er nicht stören möchte? Nein, weil er beachtet werden möchte.

Wie zugewandt seine Kinder ihn noch beachten, wie konzentriert sie ihm zuhören und ob sie überhaupt noch ernst nehmen, was er so erzählt – das muss Vater aber immer seltener am Telefon herausfinden. Das kann er möglicherweise auch noch viele Jahre nach seiner Pensionierung am heimischen Esstisch testen. Wenn denn die – mit jedem Studiensemester schwankende – Zahl stimmt, dass etwa ein Drittel aller 55- bis 69jährigen mit ihren jungerwachsenen Kindern unter einem Dach leben und nur 10% ihre Kinder weiter als zwei Autostunden entfernt wohnen haben[38], dann gab es noch nie so viele Mehrgenerationen-Haushalte wie heute. Vielleicht gab es überhaupt noch nie so lang anhaltende enge Bindungen zwischen alten Eltern und jungerwachsenen Kindern wie heute. Bereits vor 15 Jahren meinte Zukunftsforscher Horst W. Opaschowski, dass der Anteil jener Ruheständler, die das Zusammensein mit ihren Kindern und Enkeln als wichtigen seelischen »Naherholungsort« bezeichnen, sich verdreifacht habe.[39] Fragt man die Eltern, wie sich das späte Familienglück im Alltag anfühlt und auswirkt, beschreiben sie es – und hier vor allem die Mütter – fast uneingeschränkt positiv. Klar: Es ist schön, gebraucht zu werden. Es hält innerlich jung, viel Kontakt mit Jüngeren zu haben. Noch lange für die Kinder sorgen zu müssen oder zu dürfen mildert oder verhindert möglicherweise das »Leere-Nest-Syndrom«. Es mildert oder verhindert möglicherweise auch den »Pensionierungs-Schock« mancher Alters-Ehe, plötzlich zu zweit allein zu sein. Fragt man die Kinder, kommen auch keine Klagen. Wer wollte schon meckern oder undankbar sein, wenn man kostengünstig oder kostenlos wohnt, isst, Waschmaschine, Mikrowelle und Auto nutzen darf? Vielleicht sollte man die gleichaltrigen Freunde der 55- bis 69jährigen Eltern fragen, um eine zwar distanzierte, aber etwas »objektivere« Perspektive zu hören.

In Umfragen beteuern Männer wie Frauen unisono, »Freunde« seien ihnen im Rentenalter noch wichtiger als früher. Das stimmt und kann tagsüber in jedem halbwegs gemütlichen Cafe besichtigt werden. Mal dahingestellt, dass Frauen meist zwei, drei »beste« Freundinnen haben, Männer dagegen achtundzwanzig Bekannte ihre »Freunde« nennen – worüber reden die miteinander? Männer reden über derzeitige Tätigkeiten, Projekte, Dinge, Gegenstände und Anschaffungen. Frauen über derzeitige körperliche Befindlichkeiten, Neuentdeckungen in der Ladenpassage, gemeinsame Bekannte und deren komplexe Beziehungen zueinander. Platz 2 der Themen-Top-Ten betrifft Männer und Frauen gleichermaßen: »Und? Was machen die Kinder?« Selbstverständlich setzt die Frage voraus, dass man es weiß. Die Antwort »Woher soll ich das wissen? Die sind erwachsen, frag' sie doch selbst!« wäre ein Affront, eine Blamage, ein Indiz für zerrüttete Verhältnisse.

Ja, die Kinder – man kommt nicht von ihnen los. Das besagen auch Statistiken. 2009 wohnten 3,82 Millionen junge Männer zwischen 18 und 30 noch bei den Eltern oder einem Elternteil.[40] Dieses »noch« ist sowohl eine unterschwellige Ermahnung, sich doch bitte zu beeilen mit dem Erwachsenwerden, als auch eine Beschönigung der realen wirtschaftlichen Lage. »Noch« zu Hause wohnend oder von den Eltern finanziell abhängig zu sein ist das Grundproblem der Generation, die nach 1980 geboren wurde: Leben in der Vorläufigkeit, Leben in der Warteschleife, also in Tätigkeiten oder an Orten, die sich »später gut in der Bewerbung machen«. Später. Wenn »erstmal« das Fachabitur, »erstmal« der Bachelor, »erstmal« das Auslandssemester und dann »erstmal« der Master gemacht sind. Und man dann – »zunächst« zwar mit niedrigem Einstiegsgehalt – anfängt. Aber dann!

25% aller heute Dreißigjährigen haben einen nur kurzzeitig befristeten Arbeitsvertrag, befinden sich in Teilzeit- oder Leih-Arbeit, in einem unbezahlten Praktikum oder in einem studiengebührenpflichtigen Zweit- oder Dritt-Studium. Da wird verständlich, warum die 28jährige Berliner Journalistin Meredith Haaf die Frage »Und, weißt Du schon, wie es danach weitergeht?« zur »Hassfrage« ihrer Generation erklärt.[41] Mama (und erst recht Papa) sollen aufhören, das zu fragen. Ihre Kinder wissen nicht, wie es danach weitergeht. Und die es wissen, wissen nicht, ob es morgen noch stimmt. An Schulen und Universitäten, in Betrieben und Fortbildungseinrichtungen kann es ihnen auch keiner sagen, selbst bei Bestnoten und glänzenden Bescheinigungen nicht. Was Professoren und Personalchefs der »Generation Praktikum« dagegen sehr präzise sagen können, ist, dass sie nicht länger zögern und unentschlossen bleiben dürfen, wenn sie noch »was werden wollen« im rauen Wettbewerb eines globalisierten Arbeitsmarkts. Aber was wollen sie werden? Wenn sie das wüssten! Vor allem junge Männer seien »Alles-richtig-Macher-und-nichts-richtig-Woller«[42], klagen manche junge Damen Ende Zwanzig, die insgeheim auf einen Heiratsantrag warten. Aber wenn er in Bremen arbeitet und sie in Leipzig studiert – wie soll das gehen, von dem bisschen Einkommen?

»In diesem unwirtlichen Klima sucht meine Generation ihren Rückhalt bei Familie und Freunden, vor allem aber bei den Eltern, die einem hoffentlich zur Not auch mal unter die Arme greifen. Die einen wieder in die Doppelhaushälfte einziehen lassen oder schön mit einem essen gehen.«[43] Sehnsuchtsort Doppelhaushälfte?! Essen gehen mit Eltern? Wer das nicht glauben mag, sollte am Montagmorgen nach einem langen Feiertags-Wochenende die Facebook-Einträge studentischer Freundeskreise durchklicken. Neben den Fotos wilder Saufgelage in »Lounges« und »Clubs« gibt es auffällig viele Bilder und Berichte von kreuzbiederen Familientafeln voller Sauerbraten, Knödel, Kohlrouladen, Schupfnudeln und Bratkartoffeln mit Speck. Je altmodischer die Gerichte, umso zahlreicher die geposteten »Gefällt mir«-Daumen-hoch der Facebookgemeinde. Garniert mit witzigen Kommentaren – »Wurstsalat ist auch ein Gemüse«, »Mamas gutes Rezept-Plagiat« etc. Eine in retrobraun nachgefärbte Bildergalerie als Beweis der heilen Welt im Schoß der Familie.

Für die Eltern aus der »68er«- oder »Hippie«-Generation waren »Abnabelung«. »Individuation«, »Selbstständigkeit«,

»Unabhängigkeit« und »Traditionsbruch« so hohe Werte, dass sie dafür eine frühestmögliche Nestflucht und lange Jugendjahre zwischen Orangenkisten, nackter Glühbirne an der Zimmerdecke und Matratzenlager auf dem Fußboden in Kauf nahmen. Fassungslos drehen sie heute die Einladung der Universität ihres Kindes in Händen, zu einem »Schnuppertag für Eltern« auf den Campus zu kommen! Kopfschüttelnd bleiben sie vor dem Plakat der Edel-Disco stehen, Samstag sei »Elternabend«. Der DJ lege Oldies auf und das erste Getränk sei für alle Ü-Fifties gratis!

»Und? Was machen die Kinder?« Während Papa auf dem Höhenwanderweg noch darüber nachdenkt, warum schon seit Stunden niemand seiner Freunde nachfragt, was *er* denn so macht oder gemacht hat – einen Carport errichtet, zwei Zahnimplantate bekommen, drei kaputte Fahrräder flottgekriegt, vier knifflige Vereinssitzungen geleitet –, denkt Mama darüber nach, ob ihre Kinder einverstanden wären, wenn sie jetzt die schlichte Wahrheit sagen würde: »Och, im Moment eigentlich nichts.« Tochter Julia ist nach der Auflösung ihrer Berliner WG nämlich »erstmal« wieder zu Hause eingezogen und Sohn Konstantin hat sein Abendstudium abgebrochen, als ihm ein lukratives »Projekt« für Softwareentwicklung in Aussicht gestellt wurde. Anders als Papas präzis datierbare Pensionierung – die er in versöhnten Momenten mit Redewendungen wie »Rubikon überschritten«, »die Würfel sind gefallen« oder »Klappe zu, Affe tot« umschreibt – ist Mamas Zeitangabe »die Kinder sind jetzt aus dem Haus« eine vorläufige und vage Information. Möglicherweise meint sie damit eine mehrjährige wechselvolle Zeitspanne mit offenem Ende. Denn so richtig und für immer gehen die heute jungerwachsenen

Kinder selten aus dem Haus. Kaum ein Mensch erinnert sich noch daran, dass das vielzitierte, beinah sprichwörtlich gewordene »Hotel Mama« der Titel eines Kinderbuches von Evelyn Sanders ist. 1998 hieß das noch »Hotel Mama, vorübergehend geschlossen«. Inzwischen wissen alle, wie unfreiwillig prophetisch der Nachsatz war. Vorübergehend, es ist nur vorübergehend geschlossen.

»Und? Was machen die Kinder?« Die machen gerade »ewige Post-Adoleszenz«. Und ihre alten Eltern sind damit mehr oder weniger einverstanden. Traditionell teilte die entwicklungs-psychologische und pädagogische Fachliteratur das Heranwachsen eines Menschen in drei Phasen ein: Kindheit, Pubertät und Adoleszenz. Von 0 bis 12, von 12 bis 16, von 16 bis 24. Grob gerechnet. Seit Computer und Fernsehgerät im Kinderzimmer angekommen sind, das Eintrittsalter für den Kindergarten auf zwei Jahre abgesenkt wurde und sich der Kindergarten vom ersten Tag an als »Vor-Schule« versteht, fand eine drastische Verkürzung der Kindheit statt. Kleinkinder beschäftigen sich mit Grundschulwissen, Grundschülerinnen bekommen mit 9 die erste Monatsregel, Jungen im Alter von 11 Jahren tauschen Pornofilme auf ihren iPods aus. Am anderen Ende des Zeitstrahls, ab Mitte Zwanzig, verzögert sich der Eintritt in ein eltern-unabhängiges, selbstständig verantwortetes Berufs- und (Ehe-)Leben immer weiter. Endet die Kindheit immer früher und beginnt das Erwachsensein immer später, dann dehnt und verlängert sich vom etwa zehnten bis zum dreißigsten Lebensjahr eine Entwicklungsphase, in der die Identität wacklig, die Rolle unbestimmt und der Platz auf der Welt noch weitestgehend unentdeckt sind. Die vielleicht populärste Kurzbeschreibung dieses Lebensgefühls lieferte Richard David Precht mit seinem Buchtitel »Wer bin ich und wenn ja, wie viele?« – Und die vielleicht populärste Inkarnation dieses Lebensgefühl ist der ewig postpubertäre Boris Becker.

Als am 15. September 2010 die 16. Shell-Jugendstudie herauskam – eine Befragung von demographisch repräsentativ ausgewählten 2500 Jugendlichen zwischen 15 und 29 Jahren –, da gaben 69% zu Protokoll, sie seien mit ihrer Erziehung »sehr zufrieden«.[44] Na bitte. Friedliches Einverständnis allenthalben, pragmatische Zufriedenheit, so weit das Auge reicht? Ich weiß nicht so recht. Hatte nicht der Herausgeber der Shell-Jugendstudie und Professor für Sozialwissenschaften, Dr. Klaus Hurrelmann, vor einer »Enteignung der Jugendsphäre durch die Eltern« gewarnt, wenn diese durch allzu viel Anbiederung und Kumpelhaftigkeit es ihren Sprösslingen immer schwerer machten, sich »abzugrenzen«.[45] (Wofür in Papas und Mamas Generation bereits ein Che-Guevara-Poster an der Wand und das laute Mitsingen des Rolling-Stones-Liedes »Let's spend the night together« ausgereicht hatten.) Was aber, wenn die jungen Erwachsenen – notgedrungen, aus Bequemlichkeit, aus Zweckmäßigkeit oder gar aus Bewunderung für die Meinungen und den Lebensstil ihrer Eltern – es schlichtweg aufgegeben haben, sich abzugrenzen? Was, wenn es zu ihrer vielgepriesenen »Coolness«, »Geschmeidigkeit«, »Flexibilität« und »lockeren Entspanntheit« gehört, gar keine Kompetenz- oder Konkurrenzkämpfe mit den Eltern mehr aufkommen zu lassen? Seit das Telefonieren kostenfrei ist, fragt die 28jährige Tochter im argentinischen Auslandssemester ihre Mama daheim, was sie für den Bummel durch die Tapas-Bars anziehen soll. Und der 30jährige Sohn in

Edinburgh bespricht mit seinem Vater die Strom- und Gasrechnung der WG, die er nicht versteht, aber unter den Mitbewohnern gerecht aufteilen will.

»Und? Was machen die Kinder?« Mama ist versucht, zu sagen: »Sorgen!« Konstantin hat nämlich nicht nur sein Abendstudium, sondern auch die Abende mit Ilona beendet. Nach fünf Jahren blühender Liebe! Wo diese Ilona doch so eine Nette war. Und sie, Mama, jetzt nicht mehr weiß, ob sie sich mit ihr noch zum Shoppen verabreden darf. Ob Ilona noch auf einen Kaffee vorbeikäme, wenn man sie einladen würde. Also nur, wenn Konstantin nicht da ist, versteht sich. Mama möchte unparteiisch bleiben, aber zu ihrem Sohn stehen. Nicht in fremde Kräche hineingezogen, aber auch nicht zwangsläufig mit-geschieden werden. Ihre Freundschaft zu dieser jungen Frau war aufrichtig, warmherzig, wirklich frei von jeglichem »Schwiegermutter in spe«-Getue. Muss sie das jetzt aufgeben, nur weil Sohn Konstantin die Ilona nicht mehr will?

Papa kommt derweil ein verwegener Gedanke: Wenn das nun einmal so ist, dass infolge moderner Kommunikationstechniken nicht einmal mehr räumliche Distanz wirkliche Abnabelung bedeutet. Wenn das nun mal so ist, dass die Kinder lieber klammern und kletten als kämpfen und krakeelen – warum machen wir und all die schlauen Erziehungswissenschaftler nicht einfach einen beherzten Schnitt und geben das Projekt »Abnabelung« komplett auf?! Verabschieden uns von unseren Vorstellungen, wie sich »Erwachsenwerden« zu vollziehen habe?! Ihre geistige und emotionale Unabhängigkeit, ihre alltagskulturelle und weltanschauliche Eigenständigkeit entwickelt die Generation Praktikum ja möglicherweise *trotz* ihrer finanziellen Abhängigkeit von uns. Vielleicht lernen die Jungvögel ja auch dann das Fliegen, wenn wir sie *nicht* vom Nestrand schubsen, wer weiß? Fassen wir uns ein Herz und gestehen wir ein, dass all unsere Ideale von Emanzipation und Individuation, von Freud'schen Vatermorden und Tabubrüchen, dringend erforderlichen Abschieden und Aufbrüchen zur »Selbstwerdung« vielleicht nur eine historische Zwischenphase waren? Ein zur psychologischen Notwendigkeit erhobener Wunschtraum der Nach-Nazi-Generation, der 68er und der »Emma«-Leserinnen früher Jahre? Unsere Kinder *sind* ja anders als wir. Aber sie sind anders anders, als wir das von ihnen erwartet haben.

»Und? Was machen die Kinder?« Eine sozialwissenschaftlich formulierte Antwort müsste jetzt lauten: »Ihr Distinktionsbedürfnis hat sich auf uns, die Eltern, verlagert.« Heißt auf Deutsch: Wir sind es, die sich auch mal abgrenzen müssen. Selbst dann, wenn die jungerwachsenen Kinder nicht mehr zu Hause wohnen, aber mehr oder weniger häufig dort aufkreuzen. Unangekündigt und in unbekannt großer Zahl. Was es für Mama schwierig macht, Essenszeiten und Essensmengen zu kalkulieren. Nein, ob Sohn Klaus die daheim mühsam erworbenen Kenntnisse im Bügeln und Saugen, im preisbewussten Einkaufen und ökologisch korrekten Kompostieren auch in seiner Studentenmansarde anwendet, ist Mama schon lange egal. Aber wie sich ihr Leben hier zu Hause verändern wird, wenn Tochter Karin das erste Enkelchen zur Welt bringt – das treibt sie um. Papa übrigens auch. Dem erzählen seine Wanderfreunde nämlich gerade, dass er gottfroh sein kann, überhaupt noch Opa zu werden. Schon 25% der nach 1965 geborenen Frauen hätten keine Kinder mehr gekriegt. Bei den nach 1985 geborenen Damen sei die Geburtenrate noch dramatischer gesunken. Deutschland sei Spitzenreiter in Sachen Kinderlosigkeit. Glückwunsch also und alles Gute!

UWE
UND DAS NEUE ZEITGEFÜHL

Um ein Wiedersehen mit Uwe bemühte ich mich, nachdem eine Freundin seiner Lebensgefährtin am Telefon beiläufig erwähnt hatte, Uwe sei »ja beim Arzt neulich ausgerastet«. Uwe und ausgerastet? Wir kennen uns nur flüchtig. Er machte vor Jahren den Eindruck eines eher introvertierten Technokraten, der als gelernter Bergbau-Ingenieur den Strukturwandel des Ruhrgebiets mit Hilfe westfälischen Beharrungsvermögens und stiller Schlitzohrigkeit beruflich überlebt hatte. So gut überlebt hatte, dass er von der Steinkohle über das Erdgas schließlich beim Solarstrom gelandet war, im mittleren Management eines Energiekonzerns. Inzwischen bewohne Uwe die Hälfte einer ehemaligen Bauernkate weit draußen am Niederrhein, hieß es. Er habe Stall und Heuboden zu einem schnuckeligen Nest ausgebaut. Wahrscheinlich ist er dann auch privat versichert, denke ich. Roter Teppich zum Gott in Weiß. Warum also ausrasten? Uwe ist 61. Mit 55 wurde er im Rahmen einer »sozialbetrieblichen Anpassungsmaßnahme« nach Hause geschickt. Mit einer Abfindung, die im Freundeskreis als »satt« bezeichnet wurde. Oder als »goldener Spazierstock«, ohne dass jemand die exakte Summe kannte. Wer braucht schon harte Fakten, wenn er weiche Vermutungen hat?

Als ich wegen anderer Termine in der Region unterwegs bin, endet meine vorgesehene Reise zu Uwe und Saskia vorerst zwischen frisch gepflügten Feldern an einem Durchfahrtsverbot: »Ausgenommen Land- und Forstwirtschaft.« Na toll! Ob die Adresse, auf die ich endlich doch noch zufahre, den letzten Händedruck des Chefs widerspiegelt oder auf Pump erworben wurde – wen juckt's? Das Häuslein ist wirklich schmuck. »Der ideale Rückzugsort«, sagt Uwe, als ich herumgeführt werde. »Die Frage ist nur: Rückzug wovon?«, ergänzt Saskia. Draußen wiegen sich die Pappeln im böigen Wind. Wenn der schweigt, hört man Lerchen trillern. »Die kleine Abfindung war, nun ja, eine Art Dankeschön dafür, dass ich mich arbeitsrechtlich nicht bockig stellte oder auf Altersteilzeit bestanden habe. Sie war eine Art Stillhaltegeld dafür, dass ich mich drei Jahre lang nirgendwo sonst bewerbe. Schon gar nicht bei unseren Konkurrenten in der Branche. Im Grunde genommen ein schlechter Witz: Die anderen Energiekonzerne sind doch nicht Rudis Reste-Rampe für Altpersonal. Außerdem wäre ich als technischer Manager mit den rasanten Neuerungen und tausenderlei Software-Updates gar nicht mehr vertraut gewesen. Also hieß es: Ab ins Altenteil.«

Saskia ist Uwes zweite Frau. Ein Jahr älter als er. Sie kannten sich bereits aus Schulzeiten und »erinnerten sich aneinander«, wie Uwe lachend sagt. »Wenn auch fünfundzwanzig Jahre zu spät«, fügt Saskia hinzu. Lächelt aber charmant bedauernd zu ihm hinüber. Sie haben nicht geheiratet, um Saskias kleine Rente nicht zu verlieren. Das Wort »wilde Ehe«, im Ton moralischer Entrüstung habe sie zuletzt von ihrer Mutter gehört, erzählt Saskia. »Aber die ist ja auch noch regelmäßig nach Kevelaer gepilgert.« Ein katholischer Wallfahrtsort in der Nähe. »Und wenn's der Kirche ernst wäre mit dem Ehe-Sakrament, müsste die doch erst einmal Druck machen gegen solche schwachsinnigen Rentengesetze, oder?« Das klingt plausibel, ist moraltheologisch wahrscheinlich falsch, aber ich lasse ihre Frage unbeantwortet. Soweit ich mich erinnere, war Uwe immer ein gläubiger Protestant, den seine Kirchengemeinde in den Jahren der Scheidung seelisch aufgefangen hatte.

»Wenn Du fast drei Jahrzehnte lang jeden Tag ein glasklares Zeit-Korsett hattest, wenn alles, was gemacht werden musste, einen zwingenden Termin hatte; eine innere Zeitfenster-Logik ...« Uwe steht am Schrank und holt Weingläser heraus. Es ist früher Nachmittag und ich muss noch fahren, aber nun gut. »Wenn sogar auf Dienstreisen alles zeitlich strukturiert, im Grunde klar getaktet war ...« Während Uwe in diversen Schubladen des Wohnzimmerschranks nach einem Korkenzieher sucht, verspricht Saskia, in der Küche Fruchtcocktails herzurichten, und geht. »Dann genießt Du am Anfang die unfassbare Freiheit, nichts mehr zu müssen. Urlaub forever. Der Himmel auf Erden. Du tust nur noch, wozu Du Lust hast. Sehr schön, wirklich. Bis Du irgendwann immer weniger Lust hast, was zu tun. Ach da ist er ja!« Uwe hat beides gefunden, den Rotwein und den Korkenzieher, dekantiert die Flasche und atmet das Bouquet ein. »Piemont. Ein Barbera. Aber trocken. Prost.« »Warum hattest Du immer weniger Lust, etwas zu tun?«, frage ich. »Das wusste ich anfangs selbst nicht so genau. Es ist vielleicht blöd und geht vielleicht nur mir so, aber Tätigkeiten, die zwar gemacht werden müssen, aber keine Deadline haben – die nimmst Du nicht so ernst. Verstehst Du: Wenn ich eine Arbeit heute oder morgen oder mittags oder abends oder auch übernächste Woche machen kann – dann kann sie soo wichtig ja nicht sein. Die Aufgabe verliert an Wertigkeit, sie sinkt in Deiner Wertschätzung.« »Kann sein, ja«, entgegne ich und bin noch skeptisch. »Kabarettist Wolfgang Neuss hat immer gesagt: Die Tage sind gleich lang, aber unterschiedlich breit. Tätigkeiten gewinnen doch ihren Wert nicht nur aus Zeitdruck bis zum Fertigungstermin, sondern aus Spaß an der Sache, oder?« »So scheint es auf den ersten Blick. Als

Rentner prahlst Du sogar noch damit, nur aus Lust und nicht aus Pflicht zu arbeiten. Tatsächlich aber machst Du das Leichteste zuerst, dann das Angenehme, schließlich das Gewohnte. Aber echte Herausforderungen oder sogar unangenehme, schwierige Arbeiten, die schiebst Du auf den St. Nimmerleinstag.« »Na und? Macht doch nichts«, werfe ich ein. Was ziemlich unsensibel ist, denn genau dies scheint Uwes Problem zu sein. »Eben, eben! Es macht alles nix! Ob Du glänzt oder scheiterst, ist letzten Endes wurscht, es macht wirklich nichts und es bleibt ja auch meistens folgenlos.« »Wenn Du nicht gerade die Gasheizung fehlerhaft installiert hast«, füge ich hinzu und ernte zustimmendes Gelächter, bevor Uwe fortfährt: »Es ist alles nett, es ist alles weder eilig noch wichtig, aber Du machst auch alles mit abnehmendem Spaß an der Freude. Mit zunehmender Langeweile. Im Berufsleben wurde jeder Handschlag dadurch sinnvoll, dass er eine bemessene Frist hatte und dass er Geld brachte. Jetzt gibt's Zeit bis zum Abwinken, keinen Cent für nix und – die Luft ist raus. Bei mir jedenfalls.«

Saskia kommt mit drei Gläsern Fruchtpunsch auf einem Tablett zurück, macht eine kurze, spöttische Bemerkung über Rotwein am Nachmittag und setzt sich. »Uwe braucht halt Druck,« – er schüttelt dazu heftig den Kopf – »weil er so lange auf Pflichterfüllung geeicht war. Ich muss ihm manchmal sogar das Lustprinzip als Pflicht verkaufen, dann geht's.« »Und das ist noch die harmloseste Kritik«, erklärt mir Uwe und ändert die Sitzhaltung. »Von den Schlaumeiern in den Ratgeber-Artikeln kriegst Du zu hören, wer als Rentner weiterhin auf die Uhr schaut, habe seine innere Mitte noch nicht gefunden. So ein Quatsch! Als ob ich meine neue Lebenssituation nicht akzeptiert hätte!

Als würde ich noch nach verinnerlichten Maßstäben der Berufswelt handeln.« Wenn ich ehrlich bin, hatte ich das vorhin gedacht. «Dabei ist es doch ganz einfach: Leistung ist definiert als ›Arbeit-in-der-Zeit‹. Wenn Du für Deine Arbeit aber undefiniert viel Zeit hast, verliert die Leistung an Wert. Einer Tätigkeit Bedeutung oder Wichtigkeit verleihen – das musst Du immer selber. Ich nenne Dir einen Vergleich: Früher, als ich Kind war, hatten der Samstag und der Sonntag traditionell eine klare, immer gleiche Struktur. Samstag tagsüber wurde geputzt, Samstagabend der mannshohe Badeofen angeheizt. Die Familienmitglieder stiegen nacheinander in die Wanne, die Erwachsenen versammelten sich vor dem einzigen Fernsehprogramm zur Samstagabendshow in schwarzweiß.« »Peter Frankenfeld im karierten Jackett«, werfe ich ein. Uwe nickt: »Am Sonntag zog man die Sonntagskleidung an, ging in den Sonntagsgottesdienst, aß mittags Sonntagsbraten, machte ein Nickerchen und anschließend einen Sonntagsspaziergang. Dass man schon am Donnerstag die möglichst amüsante Gestaltung eines Wochenendes von Freitagnachmittag bis Sonntagabend zeitlich planen müsse – das wäre meinen Eltern nie in den Sinn gekommen. Das alles hat sich mit der Flexibilisierung der Arbeitszeiten und den veränderten Freizeitgewohnheiten geändert. Ob jemand am Samstag arbeitet oder schläft, ob er am Sonntag in die Kirche oder ins Möbelhaus geht, das ist jedermanns freie Wahl. ›Alles kann, nichts muss‹ heißt der tolle tolerante Spruch dazu und der ist Unsinn!« Uwe muss Luft holen, greift nach dem Glas. »Alles muss plötzlich gut begründet werden. Ob wir diese Freunde einladen oder jene besuchen, ob die Fahrräder repariert oder die Kellerräume entrümpelt werden, ob wir in Kinos und Konzertsäle sprinten oder zum Bücherlesen daheimbleiben – nichts ergibt sich mehr von selbst, aus äußeren Zwängen und Pflichten oder einer womöglich spießigen Tradition heraus. Wenn aber alles Deine freie Entscheidung ist, bist Du auch ganz alleine dafür verantwortlich, dass sie plausibel ist und sich hinterher als die richtige herausstellt. Und damit jede Gestaltung von Frei-Zeit die richtige ist, redest Du Dir jede blöde Rentner-Pusselei selber wichtig. Und eines Tages merkst Du eben, dass Du Dir was in die Tasche lügst.«

Uwes Wangen und Ohren scheinen leicht gerötet. Saskia empfiehlt zum zweiten Mal ihre Erfrischungsdrinks und ergreift Partei für ihren Mann: »Uwe hatte einen Tagesrhythmus von sechs Uhr fünfzehn bis neunzehn Uhr dreißig, oft auch länger. Dann einen Wochenrhythmus – Du freust Dich auf Freitagabend, das Wochenende als Oase. Dann sogar einen Saisonrhythmus, das Jahr war getaktet: Monatsabschluss, Quartalsbericht, Budgetplanung zum Halbjahr, dann Sommerurlaub, Messetermine im Herbst oder Routinereisen. Alles hatte seine geregelte Zeit. Sachzwänge eben. Dann wurde *ich* plötzlich der einzige Sachzwang. Stimmt's, Schatz?« Uwe lächelt süßsauer. Kann aber auch vom ersten Schluck Limettensaft kommen. Saskia fährt fort: »Früher berichtete mir Uwe während 15 Minuten Frühstück tausend wichtige Dinge. Als er in Duisburg rausgeflogen war und immer ausschlafen konnte, saßen wir bis halb elf vor unseren Brötchen. Und was erzählten wir uns? Nix. Oder Banalitäten. Und Notizen aus der Lokalzeitung.« Jetzt schaut sie mich herausfordernd an, als sei ihr gerade ein freundlich angriffslustiger Gedanke gekommen: »*Du* bist ja auch nicht hier, weil Du nichts Besseres zu tun hast, sondern weil sich Dein Besuch mit zwei anderen Terminen verbinden ließ. In zwei Stunden musst Du wieder los, stimmt's?« Ich nicke und bedauere es nicht. Uwe versucht, sich zu erklären und abzuwiegeln: »Weil freie Zeit, also gemeinsame Freizeit, für uns ein knappes Gut war, war sie auch ein wertvolles Gut. Plötzlich gibt's Freizeit im Überfluss, aber sie ist Dir entsprechend weniger wert und am Ende lässt Du Dir Deinen Tagesablauf vom Fernsehprogramm strukturieren.«

Ich habe noch immer nicht den leisesten Schimmer, warum solche Pensionärsprobleme zu einem Ausraster beim Arzt führen müssen: »Und dann?« Uwe und Saskia schauen sich an, als wollten sie per Blickkontakt Einigkeit darüber erzielen, was sie mir erzählen und was nicht. »Dann haben wir uns gestritten. Haben ganze Wochenenden vor der Glotze gesessen und uns gegenseitig vorgehalten, was wir jetzt eigentlich tun könnten, tun müssten, tun sollten.« Es entsteht eine kleine Pause, bis Saskia fortfährt: »Und dann hat es abermals ein halbes Jahr gedauert, bis ich kapiert habe, dass wir nicht nur mehr Zeit für Gemeinsamkeiten haben, sondern auch mehr Zeit für Interessen, denen wir getrennt nachgehen können. Früher musste die knapp bemessene Freizeit gemeinsam verbracht werden. Jetzt kann jeder von uns, ganz ohne schlechtes Gewissen, tagelang sein eigenes Ding machen.« »Und dann?«, insistiere ich. »Dann hab ich gelernt, meine Woche zu planen«, antwortet Uwe. »Ich mache am Montag alles am Haus, dienstags Post, Verwaltungskram, Freunde kontakten. Mittwochs bin ich vormittags ehrenamtlich hier in einem Jugend- und Freizeitheim aktiv und abends im Kirchengemeinderat. Donnerstags mache ich nur was für mich, gehe schwimmen, wandern, ins Fitness-Studio, hin und wieder zum Tennis spielen oder zum Arzt, falls nötig. Freitags ist Einkaufen angesagt und ...«

»Arzt?!«, rufe ich dazwischen, wie aus einer leichten Geistesabwesenheit erwacht. »Ja, wieso?«, fragt Uwe. Wie dumm von mir! Soll ich jetzt antworten: Da bist Du doch neulich ausgerastet, wie man sich erzählt? Uwe räuspert sich und macht eine abfällige Handbewegung: »Gliederschmerzen manchmal. Kniegelenke, Knöchel. Kennste doch, den Spruch: Wem mit über 50 morgens beim Aufwachen absolut nichts weh tut, der ist wahrscheinlich tot.« Ja, den kannte ich schon. Er gehört zum sprachlichen Standardinventar, mit dem alte Menschen ihre Gebrechlichkeiten beschönigen. Genauso wie das Wort »Zipperlein«. Dabei »zippt« es beim Aufwachen manchmal dermaßen schmerzhaft, dass man am liebsten liegend zum Physiotherapeuten gefahren werden möchte. »Also ich war lediglich zu einer Routineuntersuchung beim Arzt, und wenn Du mit nichts Akutem angemeldet bist, lassen die Dich warten, bis Du verschimmelst.« Aha, denke ich, wir nähern uns. »Und?« »Nach einer geschlagenen Stunde Rumsitzen hab ich gesagt, auch Rentner hätten ihre Zeit nicht gestohlen. Fand sie nicht lustig, die Sprechstundenhilfe. Und sagt mir doch ganz frech ins Gesicht: Aber geschenkt haben Sie Ihre Zeit!«
»Oha.«
»Allerdings. Na, da war was los, sag ich Dir.«

Saskia stellt die leeren Saft- und Weingläser aufs Tablett: »Uwe ist ungeduldiger geworden, seit er pensioniert ist. Komisch, nicht?« »Wieso ist das komisch?«, wehrt er sich: »Warten lassen ist demütigend. Habe ich früher in der

Firma so gemacht. Bewerbern und Bittstellern und Beschwerdeführern und nervigen Kunden erst zeigen, wo der Hammer hängt. Egal, ob sie von Russland oder England angeflogen kamen – immer erst einmal ein Viertelstündchen im Vorzimmer köcheln lassen.« Saskia und ich schütteln in gespielter Empörung den Kopf. Uwes Redefluss scheint vom Rotwein und vom Thema kräftig beschleunigt: »Aber mit Rentnern kann man es ja machen! Auf der Post, am Bankschalter, an der Kaffee-Bar im Einkaufszentrum – angeblich warten die Amerikaner, die in Großstädten wohnen, insgesamt sechs Monate ihres Lebens vor roten Ampeln. Ich will nicht wissen, wie viel Lebenszeit das in der Servicewüste Deutschland ausmacht.« »Unaufmerksames Personal behandelt alle Kunden so, egal wie alt sie sind«, wende ich ein. »Nicht immer. Du stehst da vor einem Tresen, einer Verkaufstheke, einem Schalter. Du willst was – und es werden erst Gläser fertig gespült, T-Shirts sorgfältig zusammengefaltet, Papiere sortiert und abgeheftet, es wird in Ruhe mit Kolleginnen zu Ende getratscht. Es gibt immer etwas Wichtigeres zu tun, als sich dem Kunden zuzuwenden. Und warum? Weil da ja ein alter Sack steht, oder eine faltige Fregatte. Die müssen ja alle Zeit der Welt haben.«

Ich nehme mir vor, drauf zu achten. Die »Rote Ampeln«-Statistik, die Uwe ins Spiel brachte, besagt nämlich zudem, dass Großstadt-Amis auch fünf Jahre ihres Lebens Schlange stehen.[46] Ich weiß aber jetzt schon, dass »Ausrasten« entschieden übertrieben war, um Uwes Ärger im Wartezimmer zu beschreiben. Nach einem herzlichen Abschied fahre ich fröhlich am Schild »Durchfahrt verboten« vorbei und denke mir auf dem Forstweg: Vielleicht bedeutet der vielbeschworene »neue Rhythmus«, den Rentner finden sollen, dass sie ihren Alltag strukturieren, ohne ihn zu vertakten. Dass Termine zwar nicht zwingend, aber ernst genommen sein müssen. Dass den allermeisten Tätigkeiten ihre Wichtigkeit, ihre Bedeutung, ihr Wert vom Handelnden selbst verliehen werden, das war doch schon zu Berufszeiten so. Und was das Warten angeht: »Nichtstun«, echten »Müßiggang« praktizieren, also auf dem Sofa in Fernsehzeitschriften blättern oder gedankenverloren der Wandfarbe beim Trocknen zuschauen – das kann zu Hause und für kurze Phasen ein echter Genuss sein. Ein gern zitiertes Klischee lautet, Männer könnten immer nur eine Sache gleichzeitig. Also z.B. warten müssen *oder* das Nichtstun genießen. Ich glaube, wir können doch beides. Im Wartezimmer wäre das nur eine Frage der inneren Einstellung.

11

WORAN HABEN SIE ES KÖRPERLICH GEMERKT?

Eine Glatze können auch Männer unter 50 haben. Und manche unter 40 rasieren sich sogar eigens eine. Ob der jugendstraffe, hochglanzpolierte Kopf besonders sexy oder besonders gewaltbereit, ob er anziehend oder abschreckend wirken soll, mag von Schädel zu Schädel verschieden sein – dem tatsächlich altersbedingt Kahlköpfigen ist das egal. Er, der »Silver Liner«, legt und klebt seine verbliebenen Strähnen aus dem noch vorhandenen Haarkranz hoffentlich nicht quer über die Zentralplatte. Er stülpt und klebt auch kein Toupet über den breit gewordenen Scheitel und vergeudet kein Geld für dubiose Haarverpflanzungsoperationen oder wirkungslose Tinkturen. Was macht er? Er führt seine Liebste ins Kino und zwar in einen Film mit Bruce Willis. Oder in einen mit Kevin Costner. Oder mit Sean Connery. Die tragen und zeigen mit Nonchalance und Sexappeal, was wissenschaftlich korrekt »androgenetische Alopezie« heißt und als »erblich bedingter Haarausfall« bei 53% aller männlichen Weißen unvermeidlich ist – eine Glatze.

Mit sexueller Aktivität oder gar Potenz hat das Nullkommanichts zu tun. Sozialpsychologe Ronald Henss von der Saarbrücker Universität meint zwar belegen zu können, dass Glatzköpfige von Frauen weniger attraktiv und von männlichen Kollegen weniger selbstbewusst wahrgenommen werden[47], aber – was hilft's? Es wäre im doppelten Wortsinn »an den Haaren herbeigezogen«, wollte man das Lebensalter und die Lebensfreude eines Mannes am Vorhandensein eines griffsicheren Schopfes ablesen. Nein, in Wirklichkeit ist es genau andersrum: »Alt aussehen« lassen ihn nicht die Haare, die er verliert, sondern die Haare, die er dazugewinnt. Nasenhaare z.B.! Buschig wuchernde

Augenbrauen, ein moosartiger Ohrmuschelpelz oder ein unregelmäßig werdender Bartwuchs, der trotz sorgfältiger Rasur immer irgendwo ein weißes Stoppelchen sprießen lässt. Geradezu hinterhältig am Abend, auf der Fahrt zu einem Date. Auch darüber hinaus legt Mann im Alter zu: an Stirnfalten, die nicht mehr wahlweise Freude, Staunen oder Skepsis ausdrücken, sondern sich unveränderlich eingegraben haben wie das Rift Valley in die Erdkruste Kenias. Tränensäcke unter den wässrigen Augen, als hätte man die ganze Nacht geweint. Wangen, die nach unten streben wie die Lefzen der beiden Hunde Napoleon und Lafayette im Disneyfilm »Aristocats«. Das irgendwie in den Hemdkragen hineingeschwollene Kinn, bei hageren Männern hingegen der sogenannte Leguanfaltenwurf. Und schließlich die buchstäblich hervorragendste aller Alterserscheinungen: Der Bauch! Das offensichtlichste aller Belastungsindizien, das unleugbare Corpus Delicti, das den Angeklagten als Serientäter jahrelanger Ernährungsmissetaten überführt: Die Wampe. Der Ranzen. Die halbe Weltkugel. Der Stau am mittleren Ring. Das »Ich-hatteso'n-Hunger«-Ödem.

Beenden wir die qualvolle Selbstbetrachtung (nicht, weil gleich der Penis dran käme, dazu später mehr) und schauen statt in den Spiegel aus dem Badezimmerfenster. In die Welt. Dort verhindert nämlich ein seltsames Phänomen, dass alternde Männer das tun, was ihnen Ratgeberbücher raten: Sich »so anzunehmen, wie sie nun einmal geworden sind«. Alle wissen, dass man bei *gleichbleibender* Ernährungs- und Lebensweise ab einem Alter von ca. 40 Jahren jährlich ein Kilo *zunimmt*. Was ab dem 50. Lebensjahr bis zu drei Kilo im Jahr werden können. Das unerbittliche

Diktat unserer Gene beschert der Diät- und Fitnessindustrie, der Kosmetik- und Modebranche wöchentlich einen Millionen-Jackpot. Denn: Alle wollen, dass man es nicht sieht. Was illusorisch genug ist. Es kommt allerdings noch dicker, und zwar im doppelten Sinn des Wortes. Alle, die eine Diät hinter sich haben – wie etwa 90% der Frauen über 40 zum Beispiel –, wissen, dass der Alterungsprozess eine besonders perfide Gemeinheit bereithält. Das Abnehmen dauert immer länger, die anschließende Gewichtszunahme geht immer schneller. Ex-Außenminister Joschka Fischer sieht inzwischen wieder so aus wie vor seinem »Lauf zu sich selbst«.[48] Ärzte und Ernährungsberaterinnen erklären uns, warum das so ist. Frauenmagazine und Männer-Fitnesszeitschriften beteuern, dass dem nicht so ist. Aber niemand kann verhindern, dass es so ist. Erstaunlich ist allerdings, dass diese Erfahrung am kollektiven Schönheitsideal nicht rüttelt. Im Gegenteil: »Aus der spielerischen Kultur der Schönheit ... ist bitterer Ernst und das banale Ringen um soziale Anerkennung geworden ... Die neue Körperlichkeit mit ihren erbarmungslosen Vorschriften und auf Dauer unerfüllbaren Anforderungen bedeutet auch die Rückkehr einer der sieben Todsünden: die Völlerei. Sie wird allerdings nicht mehr im Jenseits abgestraft, sondern im Diesseits. Wir haben damit die Hölle auf Erden eröffnet und bestrafen uns unnachsichtig selbst. Dagegen ist der christliche Entwurf von geradezu trostreicher Menschenfreundlichkeit, denn er kennt immerhin Sühne und Vergebung.«[49] Unsere Neigung, schlanke Menschen für interessanter, begabter, erfolgreicher, ja sogar für (gesellschaftlich) wertvoller zu halten – die lassen wir uns von keiner noch so repräsentativen Statistik über erfolglose Diäten ausreden. Der große Mann mit straffer Haut, breiten

Schultern, Waschbrettbauch, schmalen Hüften und »kna-ckigem« Po bekommt bei Vertragsverhandlungen oder in Bewerbungsgesprächen mehr Geld angeboten als der kleine Dicke. Und das nicht von weiblichen Personalchefs. Nein, insbesondere ältere Männer in den Chefetagen ent-scheiden so!

Tatsächlich funktionieren unsere archaisch-intuitiven Se-xualreflexe nach Auswahlkriterien des Überlebens und der Fortpflanzung, die in der Steinzeit Sinn machten. Ein großgewachsener, herkulischer Kerl mit starken Brust- und Oberarmmuskeln versprach mehr Kampfkraft (also mehr Wildbret und Schutz) als ein gedrungenes Männlein mit Plauze. Eine ausgeprägte Po- und Rückenmuskulatur verhieß ausdauernde Beckenstöße beim Paarungsakt und damit Nachwuchs. Umgekehrt weiblich: Breite Hüften, runder Po und große Brüste versprachen einfachere Ge-burten und gesündere Babies, als man das von einer »Boh-nenstange« erwarten durfte. Schön und gut. Aber, sehr geehrter Herr Darwin, hat die Evolution denn noch nicht gemerkt, dass sich die Anforderungsprofile inzwischen geändert haben?! Dass flachbrüstige Damen die besseren Juristinnen und fassbäuchige Herren die besseren Bau-ingenieure sein können? Mit Aufmerksamkeit, Anerken-nung und barem Geld belohnt werden schlanke Männer aber nicht nur wegen ihrer Attraktivität, die bessere Beute verheißt, sondern möglicherweise auch wegen ihres zähen Kampfes gegen Pfunde und Jahre. Wegen des weithin und auf den ersten Blick sichtbaren Beweises, dass sie »niemals aufgeben«, dass sie »eine Kämpfernatur« sind und »an sich arbeiten«, kurz: dass Sisyphos den Baumstamm noch viele Male den Berg hinaufrollen will. Man muss die humorlo-se Strenge, die hochkonzentrierte Ernsthaftigkeit mal live erlebt haben, mit der Männer ihren Body zum »Projekt« erklären. An den Fruchtsaft-Bars gehobener Muckibuden geht's moralisch rigoroser zu als in jeder Papstansprache. Keiner fragt nach, auf wessen Kosten diese Kämpfe ausgefochten werden: »Ich steige dreimal wöchentlich auf mein Laufrad, gehe danach in die Sauna, nehme nach Konzerten gern eine ausführliche Behandlung im Kosmetikstudio mit Gesichtsmaske, Maniküre, Massage und Meditation«, verriet Musiker Peter Schilling, Mitte fünfzig, einem Gesundheitsmagazin. Glückwunsch zu so viel Zeit für den eigenen Bauchnabel! Ein Geschäftsführer aus dem Mittelstand, achtzig Angestellte, drei Kinder, ein Ehrenamt, schafft das wahrscheinlich nicht jede Woche. Und wenn, dann zu Lasten seiner Ehe und der Erziehung seiner Kinder. Dass man ihn für diesen Kampf – um Zeit und Lebensqualität in der Familie, um Wertevermittlung und soziale Kompetenz – mehr achten und belobigen müsste als für den vergeblichen Hase-und-Igel-Wettlauf gegen die altersbedingte Korpulenz, das wissen eigentlich auch alle. Aber nur im Kopf. Nicht im Bauch ...

Und was ist mit den männlichen Film- und Fernsehstars, die trotz ihrer Leibesfülle oder ihres fortgeschrittenen Alters berühmte und beliebte Originale sind? Günter Strack seligen Angedenkens. Dieter Pfaff als Rechtsanwalt Ehrenberg in »Der Dicke«. Ein immerhin über 70jähriger Horst Krause vom »Polizeiruf 110«. Ottfried Fischer als » Bulle von Tölz« oder »Dr. Sommerfeld« Rainer Hunold von der TV-Praxis Bülowbogen. Diese Herren sind weder jung noch schlank und möglicherweise deshalb prominent und populär, *weil* sie signalisieren: Seht her, auch dicke Männer können schlau, charmant, lustig und erfolgreich sein.

Eigenartig aber scheint mir: Was einer Kunstfigur auf dem TV-Flachbildschirm oder der Kino-Großbildleinwand als »Identifizierbarkeit«, als »Nähe zum Zuschauer« gerne zugestanden wird, ist im »richtigen Leben« peinlich unerwünscht. Beispiel gefällig? Sophia Coppola, Tochter des Star-Regisseurs Francis Ford Coppola (»Der Pate«), feierte 2010 international Erfolge mit dem Kinofilm »Somewhere«. Hauptdarsteller Stephen Dorff spielt darin einen einsamen Filmstar, den Sinnkrise und Schmerbauch gleichsam bedrücken. Faltig, krumm, leidlich füllig. Als das amerikanische Mode- und Lifestyle-Magazin »V Man« eine Titelstory über ihn brachte, prangte er rank und schlank mit sportlich-muskulösem Waschbrettbauch auf dem Cover.[50] Die Botschaft ist klar: Stephen Dorff darf einen Mann mit Bauch spielen. Aber niemals einer sein.

Allerdings lassen sich Herren- und Damen-Zeitschriftenkäufer ja nicht für völlig doof verkaufen. Wir wissen genau, dass die halbnackten Model-Männer auf »Mens Health« und die ganz nackten Model-Frauen auf dem »Playboy« in Wirklichkeit ungefähr so häufig vorkommen wie sechs Richtige im Lotto. Der Witz dazu geht so: »Wenn Sie schon mal an der Nordsee auf einem FKK-Campingplatz waren, dann wissen Sie, warum sich das Meer alle sechs Stunden zurückzieht.« Diese beruhigend realistische Fähigkeit, zwischen retuschierten Profi-Fotos und privaten Urlaubs-Schnappschüssen zu unterscheiden, verhinderte allerdings in 65 Jahren deutscher Werbegeschichte keineswegs, dass uns meist nur junge und junggebliebene Gesichter mit straffer Haut unter vollem Haar, nur schneeweiß strahlende Zahnreihen hinter vollen Lippen von den Plakatflächen anlächeln. Schlanke, schöne, sexy wirkende Körper, die sich in

Werbespots verführerisch über Autoreifen, Mineralwasser, Seife, Tütensuppen oder Versicherungs-Bürotische beugen und dabei sehnsuchtsvoll seufzen oder beglückt kichern. Natürlich wissen die Werbe-Designer genau, dass Männer und Frauen über 50 solventer sind als das junge Gemüse auf den Werbeflächen und dass bei der »Generation Praktikum« weniger zu holen ist als bei den »Best Agers«. Trotzdem wetten Werbeleute darauf, dass die faltigen Alten die offensichtliche Lücke zwischen schönem Schein und unschönem Sein durch den Kauf diverser Konsumartikel brav schließen. Immer und immer wieder, Tag für Tag. – Schließlich sprechen über 200 Millionen Euro Jahresumsatz bei Herren-Kosmetika und steigende Milliardenumsätze in der Wellness-Szene eine deutliche Sprache. Wirklichkeitsnahe Identifizierbarkeit, Realitätsbezug und das in Seifenopern sorgfältig inszenierte »einer-wie-wir«-Feeling wird den Drehbuchfiguren zugestanden. Nicht aber den tatsächlichen, physisch anwesenden Figuren in der Schlange an der Supermarktkasse.

»Sich so annehmen, wie man nun mal geworden ist«? Gut und schön. »Lieber sich entfalten statt sich liften lassen«? Haha, richtig, ja. »Dem Unvermeidlichen das Positive abgewinnen?« O.k., versuchen wir's. Die Ratgeberbücher, die »Personal Coaches«, die Psychotherapeutinnen und sozialdiakonischen Beratungsstellen haben ja recht! Aber nur im *Kopf* des sichtbar gealterten Mannes. Nicht in seinem *Bauch*. Und schon gar nicht in der *Öffentlichkeit*. Schließen wir also das Badezimmerfenster wieder und kehren vom schweifenden Blick über die Konsumgesellschaft zurück zum fokussierenden Blick in den eigenen Spiegel. Es gibt ein Körperorgan, das sich bei Erregung um das Hundertfache vergrößern kann. Nein, nicht, was Sie wieder denken. Ich meine die Pupille. Und die entdeckt beim Anblick des allermännlichsten Körperteils eine weitere Lücke zwischen (Schönheits-)Wahn und (Alters-)Wirklichkeit. Diese Lücke wird seltsamerweise von den Frauen geschlossen, und da gibt's die beruhigende und die eher beunruhigende Variante:

Badezimmerspiegel-Wahrheit Nr. 1: »Im Grunde bist Du unzumutbar. Nackt jedenfalls. Und frühmorgens erst recht.« (Warum sonst lassen sich Männer ab 50 nur notgedrungen in Gemeinschaftsunterkünfte einquartieren wie z.B. Berghütten oder Billig-Hotels mit Dusche am Ende des Flurs?)

Badezimmerspiegel-Wahrheit Nr. 2: »Aber Frauen finden Männer ja nicht wegen diesem Ding unter dem Bauch, sondern wegen aller anderen Dinge attraktiv! Du bist zwar hässlich, aber trotzdem für manche unwiderstehlich.«

Was finden Frauen an einem reifen Mann reizvoll? Suchanzeigen der Tages- und Wochenzeitungen, bei Elite Partner oder Parship legen nahe: Lebenserfahren soll er sein, verständnisvoll, einfühlsam, zuverlässig, selbstverständlich nicht unvermögend. Und wenn er Schutz und Geborgenheit bietet, Sinn und Geschmack für Kunst, Musik, Literatur und alles Schöne, Gute und Wahre auf der Welt hat, dann – jetzt kommt's: »– ist das Äußere nicht so wichtig«. Ein Klassiker: »Ein ausdrucksvolles Gesicht, gepflegte Umgangsformen, Charme und Humor sind mir wichtiger als volles Haar.« Da sind sie also, die Frauen, die einen bzw. bestenfalls *ihren* Mann ehrlich und aufrichtig für all' seine inneren Werte und charakterlichen Qualitäten lieben. Die zärtliche Zuneigung und achtsame Aufmerksamkeit,

Fürsorge und Hilfsbereitschaft zu schätzen wissen. Das ist, ganz im Ernst, sehr beruhigend und zudem eine große Gnade für den Mann! Die beunruhigende Variante der Überbrückung von Anspruch und Wirklichkeit, Selbstwahrnehmung und Außenwirkung ist diese: Wenn ein eher unansehnlicher Mann mit einer strahlenden Schönheit im Arm vorbeiflaniert, fragt sich die Zuschauergemeinde gemeinhin: »Was findet diese tolle Frau an diesem alten Sack?« Die stereotype Vermutung: »Geld.« Oder: »Soziale Aufwertung. So angesehen und mächtig, wie der wahrscheinlich ist.« Pablo Picasso heiratete mit 80 die 34jährige Jacqueline Rocque. Und was ist mit Udo Jürgens, Helmut Kohl, Jopi Heesters, Franz Müntefering, Oskar Lafontaine? Ist der heiratslustige Greis weder begabt noch berühmt, kommt ein anderes Erklärungsmuster zur Anwendung: »Die suchte einen Ersatzvater. Vielleicht hatte sie keinen?« Diese hobbypsychologische Ersatzvater-Erklärung kommt selbst dann, wenn der Altersunterschied weniger als 20 Jahre beträgt und die Dame die 35 auch schon überschritten hat.

Toll, mag sich der alternde Glatzkopf denken und streicht sich dabei selbstzufrieden über den Bierbauch: Dann hab' ich ja noch Chancen! Den ursprünglich ironisch gemeinten Satz »Erfolg macht sexy« sprechen körperlich unattraktive, übergewichtige und obendrein noch ungepflegte Männer gerne ironiefrei aus. Bitteschön, es gibt sie offenbar an jeder Ecke: Frauen, die einen Mann seines Geldes, seiner Macht und seiner Statussymbole wegen lieben. Oder zu lieben vorgeben. Ein Geschäft auf Gegenseitigkeit. Er darf sich attraktiv und verführerisch fühlen und kann den heimlichen Neid gleichaltriger Habenichtse genießen. Sie darf sich der routinierten Lebensführung eines erfahrenen Mannes anvertrauen und muss nicht allzu viel Verantwortung selber tragen. »Down Dating« nennen das amerikanische Paartherapeuten: »Nach all den Enttäuschungen und Beziehungserlebnissen der letzten zehn, fünfzehn Jahre soll der Mann nun lieber treu ergeben als schön sein und die Qualitäten eines zuverlässigen Familienvaters mitbringen (...) Nach all den Pleiten mit gutaussehenden Karrieremännern sucht die gestresste Dame von Welt nun jemanden, der Bestätigung und Geborgenheit bieten kann.«[51]

Na schön. Warum auch nicht? Wenn's hält, bitte sehr. Einen Haken hat die Sache allerdings. Ab 60, spätestens ab 70, ist meist Schluss mit Erfolg und Macht und Ansehen. Hinzu kommt, dass das mit 50 noch ausreichend vorhandene Geld knapper wird, die Ansprüche auf Begehrt- und Beachtet-werden aber unverändert weiter bestehen. Ob sich ein Mann in Fitness-Studios, auf der Joggingstrecke oder auf dem Hometrainer körperlich knechtet oder ob er sich körperlich vernachlässigt – »Ansehen« ernten will er auf jeden Fall. So oder so. Alles darf ihm passieren, nur eins nicht: Ignoriert zu werden.

Könnte es also sein, dass das vielzitierte (und wirtschaftsfördernde) »neue Körperbewusstsein« der Sport- und Diät-Männer ab 50 einerseits und eine selbstgefällig-dickfellige Körpervergessenheit mancher Männer andererseits nur die zwei Seiten ein und derselben Medaille sind? Und die Medaille heißt »Verdrängung«? Die einen halten sich schon für wesentlich begehrenswerter, wenn sie nur 2 Kilo »runter« haben. Die anderen für immer noch begehrenswert, auch wenn sie jährlich 2 Kilo mehr »drauf« haben. Beide aber wollen eins nicht wahrhaben: dass sie sowohl ihre Restlaufzeit als auch jegliche weibliche Aufmerksamkeit immer nur geschenkt bekommen.

12

GISELHER UND DIE ALTERS- PROSTITUTION

»Es war noch früh am Abend, als sich ein älterer Herr die Marmortreppe von der Kellerbar zu uns nach oben hochquälte. Ohne den vergoldeten Handlauf hätte es der Greis wohl kaum geschafft. ›Ich wollte bei dem netten jungen Mädchen bezahlen‹, sagte er mir mit schlaffer, luftarmer Stimme, ›und gab ihr einen 100-D-Mark-Schein. Beim Retourgeld behauptete sie aber, ich hätte ihr nur einen 50er gegeben. Wissen Sie, in meinem Alter hab ich's doch nicht mehr nötig, hier zu betrügen!‹«

Diese Zeilen las ich im Manuskript eines Schweizer Bordellbesitzers. Ich rezensiere Bücher im Radio und bekomme infolgedessen hin und wieder skurrile Werke aus Eigenverlagen der Schreibenden zugeschickt.

»Da ich solche Fälle schon öfter in meinen Betrieben hatte, glaubte ich dem Rentner, nicht aber der Bardame. Ich fragte sie, wo das Geld sei, aber sie bestand darauf, nur 50-D-Mark bekommen zu haben. Ich durchsuchte alle Winkel der Bar und plötzlich kam mir der Geistesblitz. Ich griff ihr kurzerhand unter den Rock und holte die Hunderternote aus ihrer Scheide! Als ich mir die Hände gewaschen und den Geldschein gegen einen sauberen aus der Kasse ausgetauscht hatte, bat ich den Gast um Entschuldigung. Die Zeche gehe aufs Haus.«

Die Anekdote war überschrieben mit »Geld verdirbt den Charakter«. Stimmt, dachte ich. Bloß: welchen von beiden? Ich hatte das Manuskript längst vergessen, als auf einer Diakonie-Tagung die Chefin einer Reha-Klinik witzelte: »Prostitution ist im Grunde nur eine verschärfte Form der Altenpflege.« Alle grinsten, manche nickten. »In der medizinisch-geriatrischen Literatur gibt es zu diesem Thema nur gut abgehangene Texte. Hochseriös. Niemals von den

Betroffenen selbst.« Ich nahm mir vor, den Verfasser der Puff-Episode zu finden.

In Zeitschriften und Ratgeberbüchern werden die altersbedingt abnehmende Attraktivität des Körpers, der nachlassende sexuelle Anreiz und die zunehmende Gewöhnung aneinander als *eine,* wenn nicht als *die* Gefahr für Ehe und Partnerschaft beschrieben. Dementsprechend fleißig müsse am Erhalt von Schönheit und erotischer Anziehungskraft gearbeitet werden. So, als sei der Kampf gegen Routine und Lustlosigkeit mit teuren Dessous und heißen Accessoires, süßen kleinen Fetischen und seltsamen Rollenspielen zu gewinnen. Wenn zwei Menschen damit ihren Spaß am Sex über die Jahre retten – bitte sehr, nichts dagegen. Mich wundert nur, warum eine simple Erkenntnis nicht ähnlich populär ist: Erotik – das ist die Freude am geheimnisvoll Gegensätzlichen. Freundschaft – das ist die Freude am vertrauten Ähnlichen.

Dass in einer Partnerschaft Erotik und sexuelles Begehren abnehmen, während Freundschaft und platonische Liebe zunehmen, mag man befürchten, muss es aber nicht. Wie wäre es, diese Entwicklung mal nicht als »Brüderchen und Schwesterchen-Ehe« zu verspotten, sondern den versteckten Charme, die offenkundigen Vorteile, die still glühende Wärme einer solchen Beziehung zu würdigen? Dass die erotische Anziehung abnimmt, *weil* die vertraute Freundschaft zunimmt, mag eine Herausforderung, eine Aufgabe für Mann und Frau sein. Aber ist es ein durchweg bejammernswerter Verlust? In millionenfachen Varianten erlebt und erzählt wird die wunderbare Verwandlung in jungen Jahren, wie »aus Freundschaft Liebe wurde«. Wie zwischen einander lange vertrauten Freunden auf einmal erotische Funken sprühten und Herzen entflammten. Den Rocksänger Klaus Lage machte es berühmt, davon zu singen, wie er sich plötzlich in eine langjährige Spielkameradin aus Kindertagen verliebte. »Tausendmal berührt, tausendmal ist nix passiert, tausendundeine Nacht – und es hat Zzoom gemacht«. *Den umgekehrten Fall*, wie in späteren Lebensjahren »aus Liebe Freundschaft wurde« – den erzählen nur wenige, den besingt kaum jemand. Dass eine solche Verwandlung auch »wunderbar« sein kann, behandeln einige emotional ergreifende Kinofilme deshalb, weil einer der beiden Liebenden schwer erkrankt oder durch einen Unfall verunstaltet ist. Sie erzählen aber nicht davon, wie es im Lauf der (Ehe-)Jahre vom heißen Begehrtwerden zum vertrauten Befreundetsein kommt. Zugegeben, das ist cineastisch schwer darstellbar. Im wirklichen Leben aber vermutlich häufiger anzutreffen, als es Studien und Statistiken je abbilden könnten.

Manche Wissenschaftler wollen beobachtet haben, dass eine gewisse Geringschätzung der genitalen Sexualität gegenüber breit gefächerten, anderen »Lüsten« zunimmt und die Zahl asexueller Partnerschaften und Ehen steigt. Infolge des medialen Overkills an Sex, infolge jahrzehntelanger Enttabuisierungen auf allen Kanälen sei der Sex schal und banal geworden, seien Geheimnis und Eroberung unmöglich, der »Kick« irgendwie raus und »Sexualität heute nicht mehr die große Metapher des Rausches und des Glücks«.[52] Aber wo bleibt dann das sexuelle Verlangen? Was tun, »wenn's unterm Gürtel brennt«, um abermals Klaus Lage zu zitieren? – Wenn die rund 17 Millionen Singles, die wir derzeit in Deutschland zählen, sich nicht unverzüglich gegenseitig heiraten, werden in absehbarer Zeit so viele Alte allein leben wie noch nie. Bleibt denen zur Triebabfuhr nur Masturbation und Prostitution?

Giselher Sturm, wie ich den einstigen Bordell-Besitzer nennen will, ist Schweizer und nicht leicht zu kontaktieren. Er lebt zurückgezogen an einem der schönsten Fleckchen Europas, will mir aber gerne auf halber Strecke entgegen kommen: in ein nobles Hotelrestaurant am Bodenseeufer. So nobel, dass eine Limousine vor mir einfach am Haupteingang anhält. Die Fahrerin steigt aus, gibt dem Hotelpagen ihren Autoschlüssel und stöckelt hinein. Ob das auch mit meiner staubigen Familienkutsche funktioniert, mag ich erst gar nicht testen. Ich gurke weiter durch die Altstadtgassen auf der Suche nach einem Parkplatz.

Herr Sturm ist großgewachsen, schlank, hat schütteres rotblondes Haar, einen fein ziselierten goldenen Ring am Finger, trägt ein schwarzes Poloshirt unter dem Jackett und einen hauchdünnen Schal ums Revers. Dass er demnächst 80 wird, sieht man ihm nicht an. »Meinen letzten Betrieb hab' ich 2006 zugemacht. Als der Vermieter merkte, wie gut es lief, wollte er so viel abhaben, dass ich sagte: Schluss, hier sind die Mädchen, hier sind die Schlüssel, mach's doch selber. Ich setz' mich zur Ruhe.« Mit »Betrieb« sind ganz unterschiedliche Einrichtungen des Rotlichtmilieus gemeint, lerne ich im Laufe des Abends: Ein 30 Jahre lang gutgehendes »Abstauberlokal« auf dem Lande z.B. ohne Zimmer und Huren, aber mit Tanzfläche, Bar und Schanklizenz bis morgens um 3.00 Uhr. Die Inneneinrichtung machte unmissverständlich klar, welche Gäste erwünscht waren: »Quickficker, zwei Drittel Frauen. Verheiratete

Frauen wohlgemerkt, die meisten über 40.« Mein verwirrt fragender Blick ist ihm nicht entgangen. »Zu Hause haben die doch nur noch ganz ausgefallenen Sex. Letzten Samstag ausgefallen, davor die Woche ausgefallen.« Giselher schaut prüfend, ob sein Witz bei mir ankommt, »... und nur mit ein paar kleinen Kugeln im Schritt geben die sich auf Dauer auch nicht zufrieden. Stimuliert die Vagina beim Gehen, gibt's im Handel, kann sich aber wohl entzünden. Es gab auch Damen, die fuhren mit ihrer Eroberung nicht mal irgendwo hin, sondern machten's gleich im Auto oder im Sommer auch draußen, und dann saßen die nach einer Stunde wieder bei mir im Cafe. Ein Paradies für junge Kerle, sage ich Ihnen.«

Giselher spürt, dass ich ihm nicht glaube. Oder will ich es ihm nur nicht glauben? Überall ist zu lesen, Frauen koste es Überwindung, Sex und Liebe voneinander zu trennen. Der Wunsch nach ganzheitlichem Geliebtwerden über den Orgasmus hinaus sei stärker, das weibliche Hormon Oxytocin sei eine Art »Vertrauensdroge«, die den Wunsch nach Bindung und Fürsorge bis lange nach dem Sex lebendig halte.

»Sie glauben mir nicht, stimmt's?« Ich will unser Gespräch nicht schon bei der Vorspeise zum Kentern bringen und rudere zurück. »Doch, schon. Aber ich kenne einige Paartherapeutinnen und bin mit zwei, drei Psychologen befreundet, die sagen, dass die weibliche Seele ...«

Herr Sturm lacht laut auf. Zu laut für das gediegene Ambiente hier, finde ich. »Klar. Das mit dem Traum von dem einen, dem Märchenprinzen und der großen Liebe, meinen Sie? Stimmt ja auch. Aber nicht immer. Und im Alter immer weniger. Warten Sie mal, bis unsere hurtigen Schweizer Pharma-Leute das Viagra für Frauen erfunden haben. Da werden Sie sich noch wundern, wie die älteren Damen Sex und Liebe voneinander trennen können.«

Beim Hauptgang kommt mein Gegenüber wieder auf die Vielfalt seines Wirkens zurück. Neben Kontakt-Cafés und Bars gab es z.B. einen Nachtclub mit Stripshows und sieben Separees. »Auf dringende Bitte des Oberbürgermeisters übrigens, damit die Ärzte, die Rechtsanwälte, die Apotheker und die Priester nicht bis nach Zürich fahren müssen, sondern ihr Geld hier in der Region ausgeben. Mit Tänzerinnen aus aller Welt. Und mit gehobener Kundschaft umzugehen war nicht leicht für mich. Muss man erst lernen.« Giselher hat genau registriert, bei welchem der genannten Berufe ich die Gabel beiseitegelegt hatte. »Die Priester, ja. Im Vorarlberg drüben war Prostitution verboten. Die Gegend ist aber genauso katholisch wie's Allgäu oben. Einer der Hochwürden wollte die Kosten übernehmen, wenn ich ihm einen separaten Eingang bauen lasse.«

Nichts von alledem lässt sich überprüfen, denke ich noch, während Herr Sturm mir von riesigen Discotheken und kleinen Luxusvillen in den Bergen erzählt, von insgesamt acht »Läden« rund um den Bodensee. Hochrangige Kundschaft aus Polizei, Finanzbehörde und Justiz zu haben und zu halten, ist in seiner Branche von Vorteil. »Wenn Ihr Laden brummt, spricht sich das rum im Milieu. Da kommt dann schon mal einer und will sich beteiligen. Oder will Sie gleich ganz hops nehmen. Ich bin zu solchen Gesprächen immer unbewaffnet gegangen. Ohne Angst. Weil ich sagen konnte: Bitte sehr, übernehmt ihn doch! Euch machen die Behörden morgen den Laden zu. Mir nicht!« Ich muss erst zu Ende kauen, bevor ich nachfrage: »Warum nicht auch Ihnen?« »Weil die Herren aus der Verwaltung bei mir Stammgäste waren und sich auf mich verlassen konnten.« »Warum um alles in der Welt geht jemand in ein videoüberwachtes Bordell und hängt seinen Ruf, seine Ehe, eventuell sogar sein politisches Amt an den seidenen Faden?!« »Das ist der Trieb. Das Hirn ist im Hintern und hilft schieben. Diese hormongesteuerte Unvorsichtigkeit wird *nach* dem Berufsleben übrigens noch schlimmer, wenn Sie kein Amt oder kein großes Ansehen mehr zu verlieren haben. Auf die Idee mit dem Rentnerpuff brachte mich erst ein befreundeter Kollege.«

Wir nähern uns dem Anlass unseres Treffens. Direkt hinter mir nimmt eine sechsköpfige Tischgesellschaft Platz. Ich ermuntere Herrn Sturm, weiter zu erzählen. Nur etwas leiser bitte. »Ich hab' ja nebenbei noch mit Immobilien und Grundstücken gehandelt und da fiel mir auf, dass ein Kollege in Deutschland billige Häuser direkt neben oder hinter Supermärkten kaufte und schick herrichtete. Warum? Bei Lidl oder Aldi wird doch genauso laut morgens um 5.00 Uhr Ware angeliefert wie bei Migros. Lastwagen, Müllwagen, Kundenparkplätze – furchtbar. Der Grund war einfach: Rentner gehen nicht abends ins Bordell. Da sitzen sie neben Mutti auf dem Sofa vor dem Fernseher. Die gehen morgens Gipfeli holen, vormittags zum Arzt oder ins Hallenbad und nachmittags zum Einkaufen. Wenn direkt daneben tagsüber etwas Warmes geöffnet hat, merkt das keine Ehefrau. Ich habe die Idee dann umgesetzt. Es lief prächtig und war für alle Beteiligten angenehm. Wir mussten lediglich die Namen der Mädchen in größeren Buchstaben an die Türglocken schreiben.« Was das heißt, will ich wissen. Am Nebentisch wird es unangenehm still. »Die Männer zwischen 60 und 80 wollen keine ganz jungen Huren, weil sie Angst haben zu versagen. Mag sein, dass manche Männer bei einer 20-bis 30jährigen auch an die eigene Tochter denken müssen und dann nicht können. Von Ausnahmen abgesehen waren meist reifere Damen gefragt. Die sind selbstbewusst genug und haben ausreichend Geld verdient im Leben, um Gäste auch mal abzulehnen. Und die haben dann auf dem Zimmer auch genug Verständnis, wenn's ewig dauert oder gar nicht mehr klappt.« »Und wenn's gar nicht mehr klappt, muss er trotzdem zahlen?« »Vermutlich ja, aber damit habe ich ja nichts zu tun.« »Wieso nicht? Sie verdienten doch an ...«

Giselhers stahlharter Blick zeigt mir, dass ich soeben in einen Riesenfettnapf getreten bin. »Wollen Sie mich beleidigen? Ich bin doch kein Zuhälter! Das Geschäftsmodell ging so: Ich kaufe ein Haus und vermiete jedes Zimmer für 150,- € die Nacht an eine Hure. Ob Frau Mieterin dort die ganze Nacht schläft oder sich Rösti brät oder ob sie zehn Kunden einen bläst und 3.000,- € in fünf Stunden verdient – das ist mir egal. Sie muss nur für jeden Gast, der mit ihr aufs Zimmer will, bei mir an der Bar eine Flasche Sekt kaufen für 150,- €. Bei Schampus oder Eiswein auch mal 380,- €. Und meistens bestellt der Kunde hinterher, so nach fünfzehn Minuten in der Erholungsphase, noch eine zweite Flasche. Ich vermietete Zimmer und verkaufte Getränke, basta. Das war mein Einkommen gegenüber der Steuer. Mit Prostitution direkt hatte ich eigentlich gar nichts zu tun.«

Ach so. Na dann. »Und was macht eine Prostituierte mit zehn, zwölf Flaschen Sekt?« Jetzt grinst mein Gesprächspartner verschmitzt, die Atmosphäre entspannt sich. »In den Separees der Tabledance-Lokale haben die jedes Glas diskret in den dicken Teppich geschüttet. Nach ein, zwei Jahren war das ein Art Textilsirup. Konnten Sie drin steckenbleiben. Musste dauernd erneuert werden.«

Das zieht einem ja die Schuhe aus, will ich sagen, verkneife es mir aber und komme wieder auf sein Rentnerbordell zurück: »Nach welchen Kriterien konnte ein besonders alter Gast abgelehnt werden?« »Oh, Sie unterschätzen die Menschenkenntnis der Professionellen! Denen sagt ein einziger Blick auf die Haare, den Hemdkragen, die Fingernägel, die Schuhe, wie's drunter ausschaut. Ob er schon ein bisserl inkontinent ist oder Hautkrankheiten hat. Und dann sagt sie halt, merci vielmals, nicht mit mir. Schauen Sie: Was es in puncto Ekel vielleicht schwieriger macht, macht es im Fick leichter. Die steigen links auf und rollen rechts runter. Fertig. Oder sie wollen nur fummeln und gestreichelt werden. Macht ihnen daheim ja auch niemand mehr. Oder sie wollen nur plaudern. Und zahlen zwei-, dreihundert Stutz dafür!« »Franken?«, vergewissere ich mich. »Oder Euro. Ist ja inzwischen fast dasselbe. Lumpenpack, lumpiges.« Damit meint Giselher jetzt nicht die Puffgäste ab 60, vermute ich. Auch nicht die anderen Akteure seiner Branche, sondern wahrscheinlich die UBS- und Credit-Suisse-Manager, die Züricher Börsenhändler und Berner Bundesräte, die ihm in den letzten Jahren so manche Gewinnspanne zwischen Deutschland, der Schweiz und Liechtenstein vermasselt haben dürften. Zumindest beim Immobilienhandel.

Sein Blick hinaus auf den nächtlichen See, dessen Uferlaternen und Bootslichter sich romantisch auf der Wasserfläche spiegeln, wendet sich mir wieder zu und wird dabei fast stechend: »Und glauben Sie ja nicht, ich hätte auch nur eine meiner Damen gezwungen, mit Rentnern aufs Zimmer zu gehen! Die schleckigen Geschäftsleute zwischen 30 und 50 mit ihren perversen Porno-Ideen, das sind die Schweine. Nicht der Opa, der zwischendurch Herztabletten nehmen muss. Mit den abartigen jungen Gästen ...«. Ich bitte Herrn Sturm ein zweites Mal, etwas leiser zu sprechen, »hatte ich Ärger, nie mit den Alten.«

»Ärger. Was hieß das praktisch?« »Ein Mal, ein einziges Mal, habe ich einem Kerl, der sturzbetrunken handgreiflich wurde gegen die Mädchen und gegen mich, ein Auge raus geschossen. Wurde als Notwehr gewertet vor Gericht.« »Das heißt, Sie hatten eine Pistole?« »40 Jahre lang, jawohl. Damit Sie nichts Falsches denken: Wir hatten immer eine familiäre Atmosphäre. Die drei ältesten Damen meiner Läden waren 21 Jahre bei uns und schreiben uns heute noch Weihnachtsgrüße!« »Uns?« »Ja. Meiner Frau und mir. Wir sind seit 46 Jahren glücklich verheiratet.«

Ich bin irgendwie froh, dass sich der Kellner nähert und wissen will, ob alles recht war und er die Rechnung bringen darf. Mein knapp 80jähriger Gesprächspartner greift mit beiden feingliedrigen Händen in seinen Schal, lehnt sich zurück und bittet im Gentleman-Ton höflich um die Dessertkarte.

»Wie denken Sie über Ihr eigenes Alter?«, frage ich und stehe zögernd auf. Herr Sturm lächelt und seufzt. »Also, Schuldgefühle habe ich keine. Ich hab' immerhin in den letzten Jahren schon fast 19.000 Unterschriften fürs Organspenden gesammelt! Ich finde das wichtig. Und ansonsten. Ja, wenn die Huren nicht bei mir gearbeitet hätten, hätten sie woanders gearbeitet. Und wenn die Gäste nicht bei uns gevögelt hätten, dann eben in ...« »Ich will gar nicht auf Moral hinaus, Herr Sturm«, unterbreche ich ihn und beobachte, wie der Kellner meinen Mantel von der Garderobe bringt, »sondern auf Ihre Lebensperspektive für die letzten anstehenden Jahre.« »Na ja, ich bin gespannt, ob mir der Herrgott Dank zollt, wenn ich in den Himmel komme.« »Dank? Wofür?« Ich schlüpfe in den Mantel und krame nach dem Autoschlüssel. »Dass ich über so viel Heuchelei aufgeklärt habe und damit vielleicht einigen Heuchlern das Handwerk legen konnte.« »Aber Sie haben doch vierzig Jahre lang von der Heuchelei gut gelebt!« Sein Eisbecher wird serviert. Giselher Sturm nickt, zuckt mit den Schultern und macht mit der Hand eine bedauernde Geste. »Wiederluege. Sali. Kommen Sie gut heim.«

1,2 Millionen, denke ich auf der Autobahn nordwärts. Ich weiß zwar nicht, wie diese Zahl ermittelt wurde. Insider behaupten, dass so viele Männer pro Tag die Dienste einer Prostituierten in Anspruch nähmen.[53] 400.000 Damen gäbe es im horizontalen Gewerbe. 6 Milliarden Euro Umsatz jährlich kämen dabei rum.[54] Die Kundschaft wird entsprechend dem demographischen Wandel zunehmend älter. Da hatte mein Schweizer Rotlichtkönig früh den richtigen Riecher. Aber ist vorstellbar, dass es zukünftig auch zunehmend weibliche Kundschaft geben wird? Und noch ein Gedanke will mir nicht aus dem Kopf: Giselher Sturm verwendete kein einziges Mal das Wort »Freier«. War das dem Unterschied zum schriftdeutschen Sprachgebrauch geschuldet? Der Begriff ist ja einerseits erstaunlich altmodisch – das mittelalterliche Brautwerben hieß »freien« – und andrerseits ist er ärgerlich verlogen. Ein »Freier« ist alles andere als frei. Er muss peinlich auf Anonymität bedacht sein. Die Hure »befreien« kann und will er erst recht nicht, und wenn die käufliche Triebabfuhr ihn dauerhaft »frei« machen würde, hätte Giselher nicht 40 Jahre lang »Stammgäste« gehabt.

13

WO WIR IM DURCHSCHNITT LIEGEN

SEX. Was folgt diesem Wort, wenn es ohne Bilder in einem Buch oder einer Zeitschrift steht? Es folgen Ratschläge, die gerne mit Auszügen aus Statistiken garniert sind. Warum? Weil Männlein und Weiblein, Jung und Alt, gerne wissen möchten, wie sie ihren Sex »verbessern« können. Und weil alle wissen möchten, dass sie mit ihren Problemen mit dem Sex (oder ohne ihn) nicht alleine sind. Dabei könnte es die Zufriedenheit miteinander erhöhen und die Freude aneinander vertiefen, wenn wir Zahlen gegenüber eine heitere, selbstironische Skepsis behielten.

Nichts gegen Sexualwissenschaftler, Urologen, Frauenärzte, Allgemeinmediziner, Paartherapeuten, Seelsorger und Soziologen, Kulturhistoriker und Klatschreporter, die aus den unendlichen Tiefen ihrer Seelengrubenbohrungen Sex-Belehrungen zutage fördern. Erst recht nichts gegen Leserinnen und Leser, die die Tipps tatsächlich ausprobiert und möglicherweise davon sogar profitiert haben. Kaum ein Ratschlag jedoch – ob trocken wissenschaftlich, seriös feuilletonistisch oder boulevardhaft verbalpornografisch dargeboten – verzichtet auf Prozentzahlen. Auf Statistiken zum Sexualverhalten »der Deutschen«, »der Männer«, »der Singlefrauen«, »der Jugendlichen«, »der Berufstätigen« und, seit etwa dreißig Jahren auch, »der Alten«. 1948 untersuchte Alfred McKinsey (nein, nicht der Unternehmensberater, sondern der Biologe) »das sexuelle Verhalten des Mannes«, 1953 »das sexuelle Verhalten der Frau«. Seit einem halben Jahrhundert werden »McKinseys Normen als die biologischen Tatsachen des Lebens präsentiert«.[55] 1966 veröffentlichten William Masters und Virginia Johnson ihr Buch »Die sexuelle Reaktion«. Obwohl das ehrenwerte und zweifellos verdienstvolle

Forscherpaar nur 20 Männer und 11 Frauen über 60 befragt hatte, setzten sie damit Maßstäbe. Jahrzehntelang ein Wort wie Donnerhall: »Masters & Johnson haben gezeigt, dass ...« Ab 1976 erschienen die, vor allem unter Feministinnen, legendären »Hite Reports« der Sozialhistorikerin Dr. Shere Hite. 1981 wunderten sich die New Yorker Gerontologen Bernard Starr und Marcella Weiner in ihrem Werk »Liebe im Alter« dann darüber, wie freimütig Menschen ab 60 sich zur Selbstbefriedigung bekennen (84,9% der Frauen, 76,3% der Männer), von Pornos stimuliert werden (55% der Frauen, 75% der Männer), »dreimal und häufiger pro Woche Geschlechtsverkehr haben« (14,9% der Männer, 10,4% der Frauen) und der Geschlechtsakt dabei »bis zu 30 Minuten« dauert (29% bei Frauen, 25,8% bei Männern). Am meisten aber staunten die Leser: 60,1% der befragten Männer hatten in der Studie nämlich zugegeben, »häufig Erektionsschwierigkeiten« zu haben. – Man fragte sich: Mit welchen Männern erlebten die Damen ihre wunderbaren dreißig Minuten?

Zufall oder nicht: Zur selben Zeit begann die heute 83jährige Soziologin Ruth Westheimer, in Radio- und Fernsehsendungen beiderseits des Atlantiks wortgewandt und witzig Ratschläge für »good sex« zu geben. Weil ihre deutsch-jüdischen Eltern in Auschwitz ermordet wurden und sie mit 20 Jahren als israelische Soldatin im Palästinakrieg verletzt wurde, war ihr ein gewisses Maß an Vorschuss-Respekt in Deutschland sicher. Nicht nur, dass sie herrlich gebrochenes Denglisch mit hessischem Akzent spricht, sie behält auch bei den delikatesten Themen einen Schuss Selbstironie bei. Nie musste Dr. Ruth das Etikett einer »unwürdigen Greisin« fürchten. Meist genoss sie als

»sexiest Grandma on Earth« das schmunzelnde Wohlwollen der Fernsehzuschauer. Dr. Ruth gilt als der quicklebendige Beweis für »Silver Sex after 50«, wie der Titel eines ihrer Ratgeberbücher heißt.

Es dauerte fast 20 Jahre, bis ein nach allen Regeln der sozialwissenschaftlichen Demoskopie ermitteltes Zahlenwerk herauskam über »Das Sexualleben der Deutschen«. Der Erziehungswissenschaftler Professor Norbert Kluge und die 35 Jahre jüngere Diplompsychologin Marion Sonnenmoser von der Universität Koblenz-Landau hatten mit Hilfe des Emnid-Instituts eine – wie sie es zurückhaltend nannten – »repräsentative Momentaufnahme zu Beginn des neuen Jahrtausends« unternommen[56], die auf 2.400 Befragten im Alter zwischen 14 und 92 Jahren beruhte. Weil »nichtkoitale Zärtlichkeiten« von 62% der Frauen und 38% der Männer als die wichtigste sexuelle Aktivität gewertet wurden und rund 90% beiderlei Geschlechts Liebe und Sex nicht voneinander trennen wollten, spottete der FOCUS damals über eine »verschmuste Nation«.[57] Da Kluge und Sonnenmoser ihre Ergebnisse u.a. nach Bundesländern spezifiziert hatten (am meisten »los« war in Schleswig-Holstein), die 20- bis 30jährigen überproportional stark berücksichtigt und keine spezielle Befragung der über-60jährigen durchgeführt hatten, konnte das Rätsel nicht gelüftet werden, welche Altersstufe am stärksten zu diesem »Romantik-Rutsch« im frühen 21. Jahrhundert beigetragen hat. Nur geringfügig genauer waren da die Untersuchungen des Hamburger »Instituts für Männergesundheit« im Jahr 2008, worin immerhin 10.000 Männer nach ihrem Liebesleben befragt wurden. Dabei ließen die über-40jährigen verlauten, »es« höchstens drei- bis vier

Mal im Monat zu tun. Woraus der Schweizer Männerforscher Prof. Walter Hollstein – ein kämpferischer Männerrechtler am »Institut für Geschlechter- und Generationenfragen« der Universität Bremen – wiederum schloss, »die Zahl a-sexueller Männer steigt beständig an«. Möglicherweise auf bis zu 6 Millionen.[58]

Obwohl wir uns gerne auf den Spruch berufen »Vertraue keiner Statistik, die Du nicht selbst gefälscht hast«, tun wir in der Regel genau zwei Dinge nicht: Die Zahlen sofort wieder zu vergessen oder sie eingehend zu überprüfen. Berufstätige haben keine Zeit dafür und Rentner nehmen sie sich selten, um die meist trockenen Studien gründlich zu studieren. Mit welcher empirischen Methode die Urheber der Zahlenwerke das alles herausgefunden haben wollen, warum und wozu überhaupt gefragt wurde und welche vorangegangene These widerlegt oder bewiesen werden sollte, wie alt die Umfrage-Ergebnisse sind, ob und wann sie von noch aktuelleren Ergebnissen abgelöst wurden – das alles könnten wir theoretisch via Google & Co mit viel Zeit und Energie herausfinden. Wir könnten uns ein eigenes Bild davon machen, ob die Zahlen wirklich so »ernüchternd« oder »alarmierend« sind, wie sie meist vorher angekündigt oder hinterher interpretiert werden. Wir tun es aber nicht. Sondern vergessen die Zahlen nie mehr. Und vergessen vor allen Dingen nicht, sie bei passender Gelegenheit zu zitieren.

Zum kollektiven Erzählgut der Deutschen gehört inzwischen auch, dass sich die Lebenserwartung um 30 Jahre verlängert hat. Noch vor gut einem Jahrhundert – im Jahre 1910 – lag die durchschnittliche Lebenserwartung von männlichen Neugeborenen bei 47 Jahren. Was statistisch der hohen Säuglingssterblichkeit, faktisch aber auch den körperlich auszehrenden Berufen geschuldet war. Heute werden Männer durchschnittlich 77 Jahre alt, Frauen 82,6 Jahre und jedes ab 2010 geborene Mädchen wird mit 50%iger Wahrscheinlichkeit älter als 100! Ebenfalls statistisch bewiesen ist die steigende Zahl von Herz-Kreislauf-Erkrankungen, Krebs, Demenz und Alzheimer. Woraus sich schlussfolgern ließe: Wir leben immer kränker immer länger. Ein jahrzehntelanges Siechtum steht uns bevor. Das Gegenteil ist wahr und zwar deshalb: Je besser die medizinische Früherkennung und Diagnostik funktioniert, umso mehr Krankheitsfälle werden registriert. Ist ein Auf-Verdacht-untersuchter-Patient nach drei Wochen wieder fit, wird er aber nicht notwendigerweise aus der Statistik »gestrichen«. »Gesund« ist statistisch eigentlich nur, wer noch nicht vollständig untersucht wurde. Nun wird aber nicht nur die Diagnostik besser, sondern auch die Therapie. Vom Bypass und Herzschrittmacher bis zum künstlichen Hüftgelenk – viele segensreiche Errungenschaften tragen zu den hohen Lebenserwartungen von 77 bzw. 82,6 Jahren bei. Vorausgesetzt, die medizinische Forschung bleibt auf dem heutigen Stand. Was sie wahrscheinlich nicht tun wird. Ergebnis: Die Krankheitskurve steigt und die Sterbekurve setzt später ein. Dazwischen – fühlen sich Millionen alte Leute im Großen und Ganzen recht gesund, obwohl sie statistisch gesehen eigentlich krank sind.

Dass »ein heute 50jähriger so fit wie 1970 ein 40jähriger und ein heute 65jähriger so gesund wie ein damals 55jähriger« ist,[59] schlägt sich inzwischen auch in den Sex-Dokumentationen nieder. Besonders auffällig ist, dass das Se-

xualleben der heute über 60jährigen Männer und Frauen
dem entspricht, was McKinsey einst lediglich bei den 30-
bis 40jährigen beobachtet haben will. Eine beinahe banale
Erkenntnis: Die Alten der 10er Jahre des 21. Jahrhunderts
sind im Bett die Jungen der 50er Jahre des 20. Jahrhunderts. Auch alte Leute wollen/brauchen/haben ein ganz
normales Sexualleben. Sonst gäbe es ja nicht (Achtung,
jetzt kommt die Zahl, die ALLE wissen wollen, die Sie NIE
MEHR vergessen werden, obwohl sie KEINER je wirklich
beweisen hat) – sonst gäbe es ja nicht durchschnittlich 1,5
Geschlechtsakte pro Woche. Einskommafünf. Pro Woche.
Statistisch bewiesen! So die Befragten alle ehrlich geant-
wortet haben.

Norbert Kluge und Marion Sonnenmoser von der Universität Koblenz-Landau wollten in ihrer Untersuchung im
Jahr 2001 zum Sexualleben der Deutschen auch wissen,
was die Befragten von anderen Liebenden denken. 25% aller Befragten glaubten damals, dass die anderen es häufiger
täten als sie selbst.

Ob die Verschämten von einst und die Angeber von heute nicht auch das ausgeklügelste Frage-System austricksen
konnten, wissen nicht mal die Statistiker selbst. Das unver-
wüstliche Interesse an ihren «Ergebnissen» aber und die
Lust, den Smalltalk im Freundeskreis mit »neuesten« Zahlen zu würzen, ist einfach zu erklären: Wir wüssten halt gerne, wie viele wir sind. Ob wir noch normal oder schon eine
Minderheit oder, Gott bewahre, eine seltene Ausnahme
sind. Wie viele von unserer Sorte »es« wie oft pro Woche/
Monat/Halbjahr tun, freitagabends oder sonntagmorgens,
in Missionarsstellung oder von hinten, bei Kerzenschein

oder im Dunkeln, spontan oder geplant, ekstatisch oder unbefriedigend. Der Effekt ist immer derselbe: Es geht um sexuelle Selbstvergewisserung. Wo stehen, Verzeihung, wo liegen wir im Vergleich, im mathematischen Durchschnitt, im jährlichen Mittel, im Gesamten so? Können Sie sich was dafür kaufen, wenn Sie es wissen?

Möglicherweise funktionieren Statistiken zum Sexualverhalten im Hirn der Leser wie eine differenzierte Version des Spiels »Schiffe versenken«: »C 5? Nee«. »B 3? Leider, ja!« Die Sex-Forschungstreibenden möchten möglichst viele treffen. Die Leser möchten sich aber nur von schmeichelhaften Ergebnissen getroffen fühlen. Verspüren Sie noch sexuelles Verlangen füreinander? Ja, und wie! Masturbieren Sie mehrmals täglich im Badezimmer? Natürlich nicht! Wann hatten Sie den letzten Orgasmus? Heute Nacht! Würden Sie in den Puff gehen, wenn Ihre Frau krank ist? Niemals! – Oder hat womöglich derjenige das Spiel »Schiffe versenken« gewonnen, der *immer* den Kopf schütteln konnte?

ICH WEIß NOCH GENAU ...

»Und wie ich da aus dem verschneiten Waldweg ins offene Feld hinaus komme, sehe ich in der Ferne zwei dunkle Punkte und denke: Wölfe!«

Opas Erzählung von der Heimkehr aus russischer Kriegsgefangenschaft im Winter 45/46 setzte jedes Jahr verlässlich ein, sobald der erste Schnee gefallen war. Jedes Jahr. In ansteigender Dramatik. »Und wie ich da, völlig entkräftet und mehr humpelnd als gehend, aufs Schneefeld hinaustrete, nähern sich drei Wölfe!« In der nächstjährigen Version – Opa humpelt nicht mehr aufs Feld hinaus, er watet jetzt knietief durch eine Schneewehe – waren es wohl vier, wenn nicht fünf Wölfe, die ihn umkreisten. So genau konnte er das wegen des Schneesturms nicht erkennen. Als die Erzählung ein weiteres Jahr gereift ist, steckte er hüfttief in einem zugeschneiten Straßengraben und ein Rudel hungriger Wölfe hat ihn eingekesselt. Der Kriegsheimkehrer konnte ihren hechelnden Atem hören. Da unterbricht ihn der inzwischen achtjährige Enkel: »Nee, nee, Opa – früher hast Du erzählt, es waren nur zwei!« »Mein Kind«, konterte Opa, »früher warst Du auch noch zu klein für die ganze Wahrheit!«

Kriminalbeamte und Richter, wahrscheinlich auch Psychotherapeuten, können ein Lied davon singen, dass es keine Erinnerung gibt, die nicht interessengeleitet wäre. Selten erinnern wir uns eines Vorgangs um seiner selbst willen, vielleicht können wir es nicht mal. Meistens verfolgt unsere Erinnerung eine bestimmte Absicht. Viele Erinnerungen, wenn nicht gar alle, erfüllen eine klare Funktion. »Anekdoten sind bewährte Episoden aus unserer Vergangenheit, die wir im Lauf der Jahre auf ihre Wirksamkeit überprüft und, wenn nötig, verändert und verbessert haben. Sie sind ein wichtiges Werkzeug im Kampf um Aufmerksamkeit und sozialen Erfolg. Nebenbei ist die Anekdote ein verlässlicher Maßstab für den Zustand einer Ehe: Loyale Eheleute werden die Anekdoten ihres Partners ohne jegliches Anzeichen von Ungeduld ertragen, selbst wenn sie die Geschichten schon hundertfach gehört haben.«[60]

Der Wunsch, eine Szene besonders saftig und bunt auszuschmücken, das Leben als abenteuerlich und seine Akteure als besonders heldenhaft darzustellen, ist die eher harmlose Variante. Schwieriger wird es, wenn wir uns als Opfer einer Ungerechtigkeit, als Verlierer eines Konflikts, als Geschädigte eines Unglücks fühlen und uns an die zugefügten Leiden und den entstandenen Schaden von Mal zu Mal, von Jahr zu Jahr schmerzhafter erinnern. Der Zweck mag dem Betroffenen nicht bewusst sein – für die Zuhörenden ist er offensichtlich. Die Erinnerung soll Mitleid erzeugen, soll Empörung hervorrufen und sie soll vor allem unseren Anspruch auf Trost, auf Entschädigung, auf Wiedergutmachung legitimieren. Damit meine ich nicht jene Lebensverläufe, bei denen es einen tragischen biographischen »Urknall« gegeben hat, ein Unglück, eine Katastrophe, die alle folgenden Lebensjahre wie in Klammern hinter ein Vorzeichen schrieb. Es sitzen unauffällige Menschen neben uns in der U-Bahn, die als Kinder vergewaltigt wurden. Andere haben die Folterkeller der Diktatoren Afrikas und des Orients überlebt, sind schwer traumatisiert, haben Familie, Haus und Hof verloren, sind vor Terror, Krieg und Hunger hierher geflüchtet und müssen sich, vom Asylgesetz zu jahrelanger Untätigkeit verurteilt, noch dazu als Sozialschmarotzer beschimpfen lassen. Es stehen nette Normalos neben uns an der Bushaltestelle, die haben sadistische Prügelorgien in Waisen- und Kinderheimen der 60er Jahre überlebt, sind Hinterbliebene eines tragisch verunglückten Elternteils, werden zu Hause psychisch unter Druck gesetzt und geschlagen. Ihre Leiden sind – unbewusst – tatsächlich und zu großen Teilen identitätsstiftend geworden.

Die Mehrheit der heute lebenden Menschen ab 55 aber hat die längste andauernde Friedenszeit durchlebt, die Deutschland und seine Nachbarländer je hatten. Und, wenn sie im Westen wohnten, auch den höchsten Wohlstand, den es in Europa je gab. Leiden, Ängste, Ungerechtigkeiten und Demütigungen der eigenen Biografie werden also bei den meisten älteren Menschen nicht zwingend vom Eigengewicht dieser Erfahrungen her erinnert, sondern sie werden nachträglich mit Wucht und Wirkung versehen. Interessengeleitet eben. Neurowissenschaftler werden sicherlich erklären können, wie mein Gedächtnis das macht, mir Streiche zu spielen. Alltägliches Mittelmaß und der graue Gang der Dinge bleiben nicht gut haften. Man behält sie nicht, man vergisst sie schnell. Es sind die Höhepunkte und die Tiefschläge, derer man sich lebhaft erinnert. Die waren selten, dauerten nur kurz, aber – man kann sie in der Erinnerung so dehnen und vergrößern, dass sie zum Symbol einer ganzen Zeitspanne werden. Das geht so: Der 14-Tage-Urlaub auf Korfu hatte meist mäßig warmes, windiges Wetter bei bedecktem Himmel. Es gab vier heiße Tage mit strahlendem Sonnenschein, aber baden konnte man trotzdem nicht, da der Strand steinig war. Während der Bergtour auf den Pantokrator nieselte es manchmal, aber am Tag drauf entdeckte man eine traumhafte Sandbucht. Korfu hat erstklassige Fischrestaurants, aber auch echte Touristenfallen mit ganztägig köchelnder Moussaka-Matsche. Korfu war so lala, es war gemischt.

Vier Jahre später erinnert sich die Familie an diesen Urlaub noch in etwa so, wie er war. Durchwachsen eben, »aber sonst ganz ok«. Acht Jahre später schwärmt Mutter von strahlender Sonne an feinen Sandstränden mit frischem Fisch vom Grill. Korfu sei ein Traum von Insel. Vater hingegen winkt ab, im strömenden Regen von einer Pommes-Bude aus auf den Kiesstrand schauen, das könne er auch in Wilhelmshaven haben. Das Gedächtnis ist sozusagen mit dem Leuchtmarker über den Text gegangen, um zu behalten. Hat das Schöne und das Schlechte jeweils zusammengefasst und kräftig hervorgehoben. Es hat für 14 Tage Korfu lediglich zwei Etiketten gedruckt: Es war wunderbar. Oder: Es war furchtbar. Nur eine der beiden Etiketten erzeugt Anspruch auf Entschädigung, die negative natürlich. Sie legitimiert Vater, im Reisebüro atemberaubend viel Geld auszugegeben, »damit uns so etwas nicht noch mal passiert!«

Inzwischen ist aus den Labors der Hirnforscher und Gerontologen die Erkenntnis ins volkskollektive Allgemeinwissen hinab getropft, dass »im Alter« (ab wann man das auch immer datieren mag) das Langzeitgedächtnis immer besser, das Kurzzeitgedächtnis hingegen immer poröser wird. Laienhaft gesprochen: Mit den Erinnerungen in Ihrem Kopf passiert dasselbe wie mit den Familienfotos in Ihren Alben. Als es noch Filmstreifen gab, die in den Fotoapparat eingelegt, dann belichtet, im Säurebad entwickelt und schließlich auf Fotopapier ausgedruckt wurden – »matt oder hochglanz?« –, da konnten Sie die Bilder einkleben und sie jederzeit griffsicher hervorholen. Hundertmal sind diese Fotos von Hand zu Hand gegangen, haben sich als ein Stück visueller Familienchronik ins Gedächtnis gebrannt. Seit Sie digital fotografieren, die Bilder im Laptop speichern oder auf Datenträger brennen, müssen Sie erst den Computer hochfahren, die Bilder von einem USB-Stick kopieren oder die hoffentlich richtig beschriftete CD finden und sich dann durch tausend Bilddateien klicken, um ihrer Schwiegermutter diesen einen, witzigen Schnappschuss zeigen zu können. Währenddessen ist Schwiegermutter eingeschlafen. Und Sie sind bei ganz anderen Bildern hängengeblieben. Ergebnis: Ihre Familie hat das Gefühl, es gäbe mehr Bilder von früher als von gestern. Stimmt gar nicht. Die von gestern sind nur umständlicher herzeigbar.

Nun ist die Bewertung unserer Urlaubs-Erinnerungen harmlos und irgendwann auch »wurscht«. Die Bewertung unserer Beziehungs-Erinnerungen hingegen beeinflusst die Qualität einer Paarbeziehung massiv. Denn: Je länger die gemeinsamen Erlebnisse her sind, umso mehr neigen wir dazu, sie zu idealisieren oder zu dämonisieren. Auf amüsante Art können Sie das testen. Bitten Sie drei Paare aus Ihrer Verwandtschaft oder aus Ihrem Freundeskreis, jeweils nur fünf Minuten lang zu erzählen, was ihnen – auf die Plätze, fertig, los – zum Stichwort »Meine Hochzeit« einfällt. Oder »Flitterwochen«. Sehr aufschlussreich ist auch das Thema »Die Geburt unseres ersten Kindes«. Gar nicht lustig – und für größere Runden auch nicht empfehlenswert – ist die tiefere persönliche Ebene, auf der himmelhochjauchzende Glücksphasen und widerwärtige Kräche und Ehekriege erinnert werden. Die idealisierten Erinnerungen erzeugen nämlich nicht nur große Dankbarkeit (»wir hatten dort die wohl schönste Zeit unseres Lebens«), sondern auch eine wehmütige Sehnsucht. »Vielleicht wird's nie wieder so schön«, heißt das melancholische Lied des Sängers Gerhard Schöne dazu. Die jugendliche Unbekümmertheit, mit der man in den Tag hineinlebte, die sympathische Naivität, mit der man lichterloh entflammt war füreinander, das ungestüme Drängen und Verlangen, mit dem man erotische Feuerwerke an den Sternenhimmel zauberte – all das kommt so nie wieder. Schluss, aus, vorbei. Männer und Frauen ab 55 können sich noch mal verlieben, können wunderbar romantisch sein, können Sexualität erleben wie nie zuvor – aber nichts davon wird sein »wie beim ersten Mal«. Es *ist* nun einmal nicht das erste Mal, und wie es damals *wirklich* war, wissen sie nicht wirklich.

Den Rückweg ins Paradies kindlicher Unschuld »jenseits von Gut und Böse« versperrt der Engel mit dem Flammenschwert. Da hat das biblische Buch Genesis mit seinen lebensklugen mythischen Bildern schon Recht. Dieser grimmige Türsteher heißt: Verbrauchte Lebenszeit. Wenn reife Männer und Frauen davor die Augen verschließen, weil sie wie kleine Kinder der Meinung sind, was-ich-nicht-sehe-ist-auch-nicht-da, dann benehmen sie sich kindisch.

Die dämonisierten, in der Rückschau immer schlimmer werdenden Erinnerungen wiederum – die erzeugen bestenfalls eine gewisse Zufriedenheit (»gut, dass wir das hinter uns haben«), möglicherweise aber auch große Schmerzen. (»ich komm' nicht drüber weg, dass Du damals ...«). Kein brennender Schmerz wie bei einer akuten Wunde, sondern ein ziehender Schmerz wie bei einer wetterfühligen Narbe. All die Beleidigungen und Kränkungen in Taten und Worten, die vielen Peinlichkeiten und Missverständnisse, Verwicklungen und Verletzungen aus zwei, drei oder vier Jahrzehnten Zusammenleben – die sind hoffentlich längst vergeben, aber deshalb ja nicht automatisch vergessen. Wer sich erinnert, dreht sich zu seiner Vergangenheit herum und hat sie in dem Moment nicht »hinter sich«, sondern hat sie »sich vorgenommen«. Man hat die Vergangenheit buchstäblich vor sich. Glückwunsch, wenn Sie das Unabänderliche »mit dem vergebenden Gott zusammen verzeihend beurteilen dürfen«, wie der katholische Theologe Karl Rahner schrieb.[61] Glückwunsch, wenn beide Partner von Herzen einander verziehen haben und sagen können: »Schwamm drüber«! Jetzt, bei klarer werdendem Langzeitgedächtnis aber, scheint es der Schwamm zu sein, der über Tätowierungen wischt. Es blutet nichts mehr, alles ist sauber, alles ist glatt, aber – wie das mit tätowierten Menschen halt so ist: Man spricht über das Tattoo normalerweise nicht, aber man sieht es dauernd.

Ob und wie Männer und Frauen die Bewertung emotionaler Höhe- und Tiefpunkte in ihren Erinnerungen geschlechtsspezifisch vornehmen, darüber sind sich die Gelehrten uneins. Dass die nachträgliche Idealisierung oder Dämonisierung von erinnerten Erfahrungen aber im Alter besonders stark auseinanderlaufen kann, das scheint offensichtlich. Jeder hat andere Aspekte der Geschichte gnädig herausgefiltert oder freudig hervorgehoben. Was toll und was schlimm war, wird umso strittiger, je länger es her ist, und so lässt sich darüber auch ebenso endlos wie ergebnislos streiten. Vor allem Männer pochen auf die Feststellung historischer Objektivität (»Ich weiß doch genau, wie es wirklich war!«), die aber ist nicht mehr feststellbar. Sympathischer finde ich es da, wenn Frauen ihren Nostalgie-Anekdoten vorausschicken: »Wenn mich die Erinnerung nicht täuscht, dann war es so ...«

»Wie war die Welt doch imposant / als ich ein kleiner Junge war«, schrieb der Dresdener Kinderbuchautor und Satiriker Erich Kästner, »da reichte einem das Grase noch bis zur Nase / falls man im Grase stand. / Und ein Pfund Butter, liebe Leute / war drei- bis vier Mal schwerer als heute! / Kein Mensch wird's bestreiten. / Das waren noch Zeiten!« So Erich Kästner. Im Kopf ist jedem klar: Nicht das Pfund Butter war schwerer, sondern der kleine Junge war schwächer. Bewusst ist uns auch, dass Kinder in den 60er Jahren nicht deshalb viel mehr draußen spielten, weil frische Luft gesund ist, sondern weil die Nachkriegswohnungen eng, die Kinder zahlreich und die Straßen viel weniger befahren waren. Das Bauchgefühl aber sagt uns: Das waren noch Zeiten! Als ein Fußball, der im Schaufenster des Bäckers gelandet war, mit zwei Ohrfeigen und einer Kostenübernahme durch Papa erledigt war. Und nicht zwei Rechtsschutzversicherungen und ein jugendpsychologischer Konfliktberater in Aktion traten. Uns stehen die Haare zu Berge, wenn wir daran denken, in welch' unsicheren Autos die Familien nach Rimini, an die Amalfiküste oder bis nach Sizilien knatterten. Ohne Sicherheitsgurte und Kindersitze nämlich. Auch der Fahrradhelm war noch nicht erfunden und Mamas giftige Reinigungsmittel hatten keine gesicherten Drehverschlusskappen.

Trotzdem: Man erkennt sie am Gelächter. Diese Grüppchen ergrauter Herren und Damen in altehrwürdigen Universitätsstädten wie Freiburg, Tübingen, Leipzig, Münster oder Greifswald, die sich plötzlich vor irgendeinem nichtssagenden Gebäude zum Gruppenfoto aufstellen. Nostalgie-Touristen. Erinnerungsreisende. Wollen zum 50., 60. oder 70. Geburtstag, zum 30. Examensjubiläum oder zum 40. Hochzeitstag noch einmal »ihren alten Schulweg laufen«, in dem kleinen Café ein Eis essen, »wo er mich zum ersten Mal geküsst hat«, und »gucken, ob die Werkshalle noch steht, in der ich Lehrling war«. Über eins staunen alle gleich: Wie kurz der als endlos erinnerte Schulweg war. Wie klein der vermeintlich große Hof zum Spielen war. Wie kleinkariert die Studentenkneipe heute wirkt, in der man sich so revolutionär fühlte. Wenn Sie sich von einem Besuch an Orten Ihrer Biografie erhofften, die damaligen Verhältnisse wie durch ein Opernglas näher und konturenschärfer zu sehen, dann könnte der gegenteilige Effekt eintreten. Die Gegenwart verkleinert, was die Erinnerung vergrößerte. Sie schauen plötzlich durch das rumgedrehte Opernglas und spüren: Eine völlig »objektive« Feststellung all dessen, was war und wie es war, ist gar nicht möglich. Weil Ihr schon damals subjektives Erleben wieder und wieder übermalt wurde von Ihrer subjektiven »Erinnerungsarbeit«. Und die hat im Laufe der Jahrzehnte tatsächlich ganze Arbeit geleistet. Nicht immer eine segensreiche.

»Das Glück unserer Kindheit bestand für viele von uns weniger in dem, was wir wirklich erfahren haben, als vielmehr in dem, was wir uns für die vor uns liegende Zeit erträumten«, schreibt Theologieprofessor Hans-Joachim Eckstein, »vielleicht erinnern wir uns weniger unserer Vergangenheit an sich – sondern viel mehr erinnern wir uns an die Zukunftsoffenheit unserer Vergangenheit. Sehnen uns also zurück nach der Freude der Erwartung.«[62] Salopp gesagt: Jeder weiß noch, was er als Grundschulkind mal werden wollte. Lokführer, Astronaut, Indianerhäuptling, Verkäuferin im Spielzeugladen, Schauspielerin, Synchronschwimmerin. Obwohl wir heute drüber lachen, erzeugt die Erinnerung an diese »Zukunfts-Offenheit« eines Kindes auch wehmütige Sehnsucht. Weil seit etwa 25 Jahren klar ist, was wir alles nicht mehr werden oder sein können. »A bad day is when I lie in bed and count the things that might have been« (an schlechten Tagen liege ich im Bett und zähle die verpassten Möglichkeiten) lässt Songpoet Paul Simon die unglückliche Frau sagen, der die Zukunft und die Vergangenheit entgleitet.[63] Ich halte diese Zeile für weise. Denn: Aus wohltuend nostalgischen Tagträumen und unterhaltsamen Gedankenspielereien über alternative Lebensverläufe (»hätte ich mich damals für Marlene statt für Irene entschieden«) kann reale Unzufriedenheit, kann eine alberne, kindische Nörgeligkeit werden. Aus Sehnsucht wird Wehmut und aus Wehmut heimliche Wut.

Wenn Sie jetzt »Na und?« sagen, dann denken Sie mal kurz an Ihre Söhne, Töchter und Schwiegerkinder. Sie schätzen und lieben die ja zum einen für das, was sie sind. Zum anderen aber auch für das, was sie gerade werden. Oder eines Tages werden wollen. Azubis sind »angehende« Meister, Medizinstudentinnen »angehende« Ärztinnen, und wenn Ihre Tochter schwanger ist, sprechen Sie von den »künftigen Eltern«. »Selbstachtung ist nicht nur eng verknüpft mit dem, was man heute ist, darstellt und kann, sondern die Selbstachtung speiste sich immer auch aus der Vorstellung, welche Fähigkeiten man noch entwickeln würde.«[64] Damit ist ab 50 oder 60 bei den meisten Männern und Frauen aber Schluss. Nun soll sich die Selbstachtung u.a. aus dem speisen, was

man einmal war. Und da stilisiert uns das seltsame Sortier-
system unseres Gedächtnisses gerne zu Helden oder zu Op-
fern. Es produziert am liebsten Gründe für Bewunderung
oder Empörung und Entschädigungsforderungen.

Wer seine Vergangenheit mehrheitlich idealisiert, geht anderen bald als sentimentaler Angeber auf die Nerven. Wer
seine Vergangenheit mehrheitlich dämonisiert, wird nachtragend. Aber wer nachtragend ist, trägt zu viel. Nämlich
die Ärgerlichkeiten des heutigen Tages und die aller früheren Tage. Das ist un – er – träglich, im Wortsinn. »Nicht
die Jahre machen uns alt, sondern die Erinnerungen, die
wir nicht loslassen«, meinte Schriftsteller Richard Powers.
Aber womit könnte man den listig geschichtsklitternden
Sortiermechanismus unseres Hirns überlisten? Tagebuch
schreiben und die Tagebücher lange aufheben! Als ich unseren Kindern ihr verbummeltes, lasches Arbeiten für die
Schule vorhielt und sie daran erinnerte, dass *ich* ja in ihrem
Alter, so knapp zwanzigjährig, nächtelang gebüffelt und
knallhart gebimst und gepaukt hätte – da las ich abends in
meinem Tagebuch aus Studentenjahren: »Heute wahnsin-
nig viel zu tun. Schon um halb zehn aufgestanden.«

15

GEHT RELIGION IN DEN RUHESTAND?

Ob der Wiener Arzt, Psychologe und Religionskritiker Sigmund Freud (1856 – 1939) in jenen Himmel gekommen ist, an den er nie glaubte, oder in jene Hölle, in der ihn viele Christen vermuten – von dort aus jedenfalls dürfte er sich im Jahre 2011 über ein Zitat von Tilman Moser ungläubig die Augen gerieben haben: »Es ist schon sehr kränkend, jetzt auf meine alten Tage, anzufangen mit Beten. Und den Kinderglauben auszugraben, über den ich mich früher oft lustig gemacht habe«[65]. Psychoanalytiker Tilman Moser, der hier einen Patienten zitiert, galt in der Branche fast als Freuds Stellvertreter auf Erden. Hat man sein Buch »Gott auf der Couch« gelesen, darf man sogar spekulieren, er sage das mit dem Kinderglauben auch von sich selbst. Wenn »altern« bedeutet, schrittweise »Abschied zu nehmen von Fähigkeiten und Kräften, Abschied zu nehmen von dem, der ich einmal war«[66], und wenn dieser Mann, der ich einmal war, ein religiös unmusikalischer Skeptiker, ein christlich Gleichgültiger, jedenfalls kein Kirchgänger war – dann ist so ein altersbedingter Abschied vom Unglauben »kränkend«. Dann muss das »Ausgraben des Kinderglaubens« wahrscheinlich heimlich geschehen, in den hintersten Herzenshöhlen.

Berühmt geworden war der Freiburger Wissenschaftler Moser 1976 durch sein Buch »Gottesvergiftung«, das fast vier Jahrzehnte lang zur Standardmunition jedes kämpferischen Atheisten gehörte. Wie ein Kauz sein Gewölle, so hatte Moser alles hervorgewürgt, was an unverdaulicher Bigotterie, moralischer Heuchelei, schwarzer Pädagogik, Höllenangstmache und frommer Ichverneinung in seiner Seele gelagert war. Ganz im Sinne Sigmund Freuds: Religiosität, das ist Zwangsneurose und Vaterprojektion.

Mindestens hinderlich, meistens gefährlich für die Persönlichkeitsreifung. Und dann 2011, Moser war Mitte 70, kamen Sätze wie diese: »Was mir seit der ›Gottesvergiftung‹ verschlossen war, ist der eigene Zugang zu einem persönlichen Gott. Aber der Groll ist längst verschwunden. Ich glaube, den Weg von der Gottesvergiftung zu einem erträglichen, wenn auch nicht meinem, Gott gefunden zu haben.«[67] Mosers fromme Feinde und Mosers atheistische Freunde mochten sich kaum vorstellen, was der früher so gallige Psychoanalytiker da aus seiner Therapeutenpraxis erzählte: »Mir fallen Choral- und Psalmtexte ein, etwa: ›Ich schlage meine Augen auf zu Dir‹ oder ›Weiß ich den Weg auch nicht, Du weißt ihn wohl‹ und andere Fetzen einer innigen Gottesbeziehung. Dazu mag sogar eine Wiederholung der Situationen von kindlichem Gebet oder kindlichem Gesang hilfreich sein, mit Unterstützung durch Atmung, Bilder oder Musik.«[68]

Die Frage muss erlaubt sein: Stimmt das Klischee noch, in der Kirche säßen mehrheitlich »alte Betschwestern«, während Männer ihre »segensreiche Stelle in der Kneipe statt Kapelle« fänden? Positiv gewendet: Werden Männer frömmer, wenn sie älter werden? Journalisten-Kollegen von der »Süddeutschen Zeitung« und vom »Tagesspiegel« bejahen das: »Wie es scheint, entdecken Männer ihre religiöse Ader neu. Viele Frauen wenden sich auf der Suche nach neuen Rollenmustern von der Religion ab. Sie fürchten, dass Religion sie unfrei macht, sie in alte Rollen zwängt. Männer dagegen finden in der Religion Rituale und eine Zugehörigkeit zu einer Gemeinschaft, die ihnen Trost, Halt und einen Sinn im Leben gibt. Jesus Christus wird ihnen zum Vorbild. Die Frauen haben in den vergangenen Jahren eine

Form der Säkularisierung nachgeholt. Bei den Männern setzt offenbar schon der Gegentrend ein.«[69] Ich stelle eine Beobachtung zur Diskussion: Viele der lebenslang Unfrommen entwickeln gerade in der Umbruchzeit ihrer Pensionierung eine vorsichtige Nähe zu Religiosität und kirchlichen Angeboten. (Auch wenn man ihre Bereitschaft, über den »Sinn des Lebens«, über »Werte« und »den eigenen Tod« nachzudenken, nicht bereits als Religionsinteresse vereinnahmen sollte.) Die lebenslang Frommen dagegen entwickeln eine – wenn auch meist uneingestandene – innere Distanz zu Religiosität und Kirchenbindung.

Am 11. Mai 2000 – Papst Johannes Paul II. hatte die Weltgemeinschaft gerade in einem großen »Mea Culpa« um Vergebung gebeten für die Fehler und Verbrechen der Kirchengeschichte – erschien in der Wochenzeitung »Die ZEIT« ein Artikel unter der Überschrift »Der Fluch des Christentums. Die sieben Geburtsfehler einer altgewordenen Religion«, der seinen Autor schlagartig und nachhaltig als einen der führenden Atheisten berühmt machte: Professor Herbert Schnädelbach, Philosoph und Soziologe an der Humboldt-Universität Berlin. Zehn Jahre später, inzwischen 74 Jahre alt, grenzte sich Schnädelbach von aggressiv kämpferischen Atheisten à la Richard Dawkins ab (»Der Gotteswahn«, 2007). Er bezeichnete sich als »frommen Atheisten, der seinen Unglauben bekennt, nichts weiter«. Was er so erklärt: »Atheismus war mal das Denkmal einer Befreiung gewesen. Eine aufatmende Gottlosigkeit im Sinne des ›Endlich sind wir den Alten los!‹ Soviel Frohsinn ist dem frommen Atheisten verdächtig, denn er bedenkt die Kosten: Sein Unglaube ist das Denkmal eines Verlustes. Im Kinderlied hieß es von Gott, der die ›Sternlein gezählet‹

habe: ›Kennt auch Dich und hat Dich lieb‹. Das kann der Erwachsene nicht vergessen und den Schluss-Choral aus Bachs Johannespassion ›Ach Herr, lass Dein lieb Engelein ...‹ vermag er nicht anzuhören, ohne mit den Tränen zu kämpfen. Was sich da einstellt, ist eine Mischung aus Trauer und Wut, dass das alles nicht wahr ist. Die Frömmigkeit des frommen Atheisten besteht darin, das Verlorene religiös ernst zu nehmen. Das kindliche Bedürfnis nach Geborgenheit bei einem ›Vater im Himmel‹ kann er nicht zum Schweigen bringen und das illusionslose Erwachsensein-Müssen kann er nicht verleugnen.«[70]

Verlust, Trauer, Wut. Ich kenne niemanden, der klüger und ehrlicher als Herbert Schnädelbach die Bestandteile jener melancholisch-nostalgischen Grundstimmung seziert hat, die aufkommt, wenn ein älterer Mensch beim Hundeausführen am Sonntagmorgen in der Ferne Kirchenglocken läuten hört. Dass beide – der religionskritische Psychoanalytiker und der atheistische Philosoph – auf den »Kinderglauben« zu sprechen kommen, wenn sie vom Altern reden, ist kein Zufall. Es kann jetzt mehr erinnert und es muss jetzt öfter gehofft und gebangt werden. Erinnern und Hoffen fällt für den Philosophen Ernst Bloch aber in einer jenseitigen, geistigen oder spirituellen Wirklichkeit zusammen, »die allen in die Kindheit scheint und in der noch niemand war: Heimat.«[71]

»Ich betreibe gern emotionale Archäologie«, sagte Schauspielerin Maren Kroyman mit 62.[72] Dieses Hobby pflegen Männer im selben Alter auch. Öfter, als sie es zugeben, und intensiver, als ihre Frauen es ahnen. Bei der Mehrheit zumindest der in Westdeutschland Geborenen kommen bei diesen Grabungsarbeiten religiöse Gefühle zum Vorschein. Gefühle, wohlgemerkt. Nicht Überzeugungen oder Thesen. Die kindliche Vorstellung eines Gartens, in dem Mensch und Tier paradiesisch friedlich miteinander leben. Der Traum, in einer schwimmenden Arche alle Tiere zu retten, bis der Regenbogen und die Taube mit dem Ölzweig erscheinen. Das befreite Aufatmen, als der tapfere kleine David den bösen Riesen Goliath mit einer Steinschleuder niederstreckt. Diese und ähnliche »wohlige« Vergewisserungen einer »guten« Weltordnung mögen auch Nils Holgerson auf dem Rücken der Wildgänse vermittelt haben, oder Schneewittchens prunkvolle Hochzeit und der Tod der bösen Hexe im Ofen ihres Knusperhäuschens. In Verbindung mit romantischen Melodien und einfachen Gebeten aber, in der Erfahrung, dass Mama oder Papa selten so »sanft« gestimmt waren wie in diesen Momenten, sind sie »heilige« Erinnerungen geworden. Stellte man(n) an Weihnachten und Ostern im Kindergarten, im Sommer auf dem Pfadfinderlager, als Sternsingerkind oder Ministrant, in der Vorbereitung zur Erstkommunion, im Kindergottesdienst oder beim Jungschar-Lagerfeuer dann fest, dass diese Geschichten und Gefühle nicht an Großmutters Vorlesestimme gebunden sind, sondern einen auch mit anderen Erwachsenen verbinden, bestenfalls sogar mit den wenig älteren, bewunderten, Jugendlichen – dann lieferte diese gelebte Religiosität ein wohltuendes »Ernstgenommenwerden«. Menschenfreundlich, zugewandt, respektvoll. Eine Menschenwürde, die mancher alternde Mann 50 Jahre später immer häufiger vermisst. »Es gibt Berührungen, körperliche und seelische, die ein Kind als ›heilig‹ erlebt. Wenn man es zu formulieren versucht, hat man, so scheint es, das Geheimnis schon entweiht. Für mich bleibt eine enge

Verbindung zwischen wichtigen Entwicklungsschritten des Kleinkindes, seiner mitgebrachten Fähigkeit zur Andacht und dem Eindringen religiöser oder kultureller Inhalte bestehen. (...) Die Zurückweisung oder der Missbrauch von ›heiligen‹ Gefühlen hinterlassen einen Schmerz und eine Scham, die es heutzutage viel schwieriger macht, über solche Probleme zu sprechen als über Sexualität oder Beziehungsstörungen«, schreibt Tilman Moser.[73]

Den Proteststurm der Aufklärer – dass weder Mensch noch Tier so entstanden sein können, wie es der biblische Schöpfungsmythos erzählt: dass die erbaulich gelesenen Glaubenskämpfe in Wirklichkeit blutige Stammesfehden waren und die hochverehrten Propheten und Könige aus heutiger Sicht als religiös fanatische Warlords durchgehen würden; dass Gott ein unberechenbar schillernder Charakter zu sein scheint und die Wunder Jesu vielleicht gar keine waren – diesen Sturm der Aufklärung haben die meisten getauften Christen in Deutschland nicht einfach nur zur Kenntnis genommen, sie haben sich ihn im Laufe ihres Erwachsenenwerdens zu eigen gemacht. (Den vorübergehenden Proteststurm pädagogischer Bedenkenträger gegen »zu grausame« oder »zu verrückte« Märchen und Kindergeschichten hoffentlich nicht! Heute schütteln wir den Kopf, dass schwedische Oberlehrer Astrid Lindgrens erste Fassung von »Pippi Langstrumpf« vom 21. Mai 1944 als pädagogisch bedenklich ablehnten.) Hinter die Entdeckungen und Errungenschaften der forschenden Vernunft, hinter die »Entzauberung« der Welt durch die Naturwissenschaften kann ehrlicherweise keiner zurück. Und wer es trotzdem will, muss die Anstrengung täglicher Realitätsverleugnung auf sich nehmen, muss Fragen und Zweifel

immer neu mundtot machen oder eine intellektuell wind-
geschützte Stelle bei Fundamentalisten suchen. Und wer
sich als Azubi, als Abiturient, als Student oder schlicht als
zeitungslesender Mensch des 20. Jahrhunderts vom Orkan
der historischen und psychologischen Erkenntnisse nicht
in die Religionsferne pusten ließ, der wurde von akade-
misch gebildeten Pfarrern sanft dorthin geschoben. Der
Witz dazu geht so: Stürmt ein Gottesdienstbesucher in die
Sakristei und sagt: »Mit Ihrer Predigt heute haben Sie meinen Kinderglauben zerstört!« »Wie alt sind Sie?«, fragt der
Pfarrer. »47!« »Na, dann wurde es ja auch höchste Zeit.«

An jedem 24. Dezember aber kann man in fast allen
Kirchen der westlichen Welt eine Paradoxie beobachten. Nehmen wir als Beispiel die – nach der Dresdener
Frauenkirche – zweitwichtigste evangelische Kathedrale
Deutschlands, den Berliner Dom. Dort gibt es 1680 Sitz-
plätze. Heiligabend wollen aber rund 12.000 Leute hinein.
Alles Touristen? Wohl kaum. Alles hingebungsvolle Gläu-
bige? In Berlin bestimmt nicht. Dompredigerin Petra Zim-
mermann erklärt das so: »Heiligabend hocken alle beiein-
ander, um die großen Verheißungen zu hören. Dass wir
die Zusage haben, geliebte Menschen zu sein. Dass wir die
Verantwortung haben, als freie Menschen zu leben. Dass
wir aus der Wüste gerettet werden. Und dass wir Regeln
haben, von denen aber nicht unser Heil abhängt.«[74] Diese
Vergewisserung wollen die meisten Menschen hören. Auch
die ansonsten »Ungläubigen«. Wenigstens ein Mal im Jahr
wollen sie das hören. Im Alter eher häufiger. Bewegende
Christvespern und Christmetten, erhabene und erheben-
de Weihnachtsoratorien, belächelte und doch berührende
Krippenspiele. Wenn man so etwas für »spirituelle Wind-

pocken« des aufgeklärten Menschen hält, dann ist »die Krankheit Religion der liebenswerteste aller menschlichen Makel«[75].

Mancher stellt dabei staunend fest, dass die »feste Burg ist unser Gott« gar nicht an irgendeinem Datum revolutionär gesprengt wurde, sondern evolutionär verwitterte und zerfiel: »Irgendwann als Halbwüchsiger ist er mir verloren gegangen. Der Glaube war einfach weg, wie ein Paar billiger Handschuhe, die man in der Straßenbahn liegen lässt. Ich hab ihn seither nie vermisst, nie wieder über ihn nachgedacht und sehr selten über ihn geredet. Leichtgläubige, denen auf der letzten Lebensstrecke bange wird, könnten versucht sein, ihre Glaubensreste zu reaktivieren, um der Furcht Herr zu werden. Das wird nicht einfach. Die gutgläubige Naivität der Kindheit, die vieles fraglos aufgenommen und in sich geborgen hatte, ist dem Erwachsenen für immer verloren. Wir sind zwar erschrocken über unsere transzendentale Bindungslosigkeit, aber verdrängen das Thema einstweilen. Wollen getröstet sein, wissen jedoch nicht, von wem.«[76] Der bekennende Alt-68er und ehemalige ARD-Journalist Sven Kuntze spricht mutig an, wovor sich andere seines Alters genieren. Dass ein neues Herantasten an die ungewohnte Religiosität u.a. auch von der Angst vor dem Sterben angetrieben wird. »Wer den Tod ernst nimmt und nicht nur als Tor zwischen zwei Welten begreift, für den ist er der endgültige Abschluss des Lebens. Dem Atheisten sind damit zwar alle Fragen beantwortet, aber Furcht und Grauen keineswegs stillgelegt.«[77]

Sind »Furcht und Grauen vor dem Ende« denn bei den Gläubigen, bei den lebenslang Frommen, »stillgelegt«? Bei jenen Christenmenschen ab 60 also, die entweder ihren Kinderglauben irgendwie ins Erwachsenenleben hinüberretten oder so modifizieren konnten, dass ein jahrzehntelang engagiertes Christsein und eine vitale Kirchenbindung dabei herauskamen? Vermutlich nicht. Im Gegenteil. Auch sie, wie alle in ihrem Alter, müssen immer häufiger von tragischen, plötzlichen, »viel zu frühen« Todesfällen im Bekannten- oder Verwandtenkreis hören. Herzinfarkt, rasend schneller Krebs, Embolie, Gehirnschlag, zu spät erkannte Entzündungen lebenswichtiger Organe. (»Die Einschläge kommen näher«, nannte das die Generation der Kriegsteilnehmer.) Auch sie, die Kirchgänger, holen jetzt ein-, zweimal mehr als in vorigen Jahren den schwarzen Schlips aus dem Schrank und gehen auf eine Beerdigung. »›Vier Hochzeiten und ein Todesfall‹, der Kinoklassiker? Bei uns war's dies Jahr umgekehrt.«

Die ewig nagende Menschheitsfrage, wie sich die Botschaft eines liebenden, gerechten, allmächtigen Gottes mit der Erfahrung himmelschreienden Unrechts und grausamen Elends vereinbaren lässt, wird ja weder von flammend fluchendem Gotteshass noch von ängstlich frommen Denkverboten zum Schweigen gebracht. Sie bleibt unbeantwortet – sowohl gedanklich wie emotional –, und vielleicht ist das ja einer der Gründe, warum die neueste Befragung des Sozialwissenschaftlichen Instituts der Evangelischen Kirche Deutschlands gerade unter den »Evangelischen ab 60 Jahren« ein erstaunlich diffuses Gottesbild zutage brachte. 27% stimmten dem Satz zu »Gott ist abwesend, aber er existiert«, 26% »da ist irgendetwas, aber ich kann es nicht beschreiben«. 37% nickten bei »Gott ist in der Natur«, 38% befürworteten »Gott ist in den Herzen der Menschen« und nur 17% der getauften evangelischen Kirchenmitglieder über 60 fanden die Aussage zutreffend: »Gott ist mir ein Freund und Partner.«[78]

Die herzensfromme Verankerung und Geborgenheit bei einem »persönlichen« Gott, wie ihn z.B. evangelikale Protestanten und evangelische Freikirchler predigen, ist selbst unter den »treuen Alten« einer Gemeinde offenbar weniger verbreitet als bisher angenommen. Zur Zeit sind rund 24 Millionen Deutsche Mitglied in einer evangelischen Landeskirche, davon sind 32% über 60 Jahre alt. Mit etwa 150.000 Austritten pro Jahr ist der Schwund bei den Protestanten zwar weniger dramatisch als der bei den Katholiken mit 180.000 im Jahre 2011 – deren religiöse, kulturelle und familiäre Hemmschwelle zum Kirchenaustritt viel höher ist. Trotzdem lässt sich hochrechnen, dass in etwa 20 Jahren der schweifende Blick über einen evangelischen Sonntagsgottesdienst so aussehen wird: Die Gemeinden sind um ein Viertel geschrumpft, knapp die Hälfte der Mitglieder sind über 60 Jahre alt, und könnte man ihnen ins Herz schauen, sind sie längst nicht so »glaubensfest«, wie sie es im »Apostolischen Glaubensbekenntnis« gemeinsam bekennen bzw. vorgeben. Kirchenleitende Gremien, Pfarrerinnen und Pfarrer sowie ehrenamtliche Mitarbeitende steuern mehr oder weniger erfolgreich gegen diese Erosion. Die »Lehre«, die »Einführung und Vermittlung« des christlichen Glaubens darf nicht nur auf Kinder und Konfirmanden beschränkt bleiben, sondern sollte sich z.B. in »Glaubenskursen« und Seminarangeboten auch an Ältere wenden. Veranstaltungen für Leute ab 60 sollten weniger vom Fürsorge- und Betreuungsgedanken her konzipiert sein (»Kirschkuchen am Seniorennachmittag, unser Fahrdienst holt Sie ab!«), sondern dem Bedürfnis nach Aktivität, Sport, Unterhaltung und Bildung entgegenkommen, z.B. beim Radwandern, auf Pilgerwegen, in Filmnächten oder zu Städtetouren.

Und was ist mit der »Religiosität ohne Kirche«, mit all jenen, die sich in den Umfragen der letzten zehn Jahre als »gläubig, aber kirchenfern« bezeichneten? Verlassen wir das evangelische Mehrzweck-Gemeindehaus (in dem immerhin noch 1,1 Millionen registrierte Ehrenamtliche regelmäßig mitarbeiten, davon 70% Frauen, von denen 56% älter sind als 50[79]), gehen stattdessen in die kommunalen Räume der Sozialen Dienste, Fortbildungseinrichtungen, Volkshochschulen, Fitness- und Gesundheitszentren und suchen dort nach Indizien für eine »postkonfessionelle Spiritualität im Alter«. Dann fällt ein Unterschied zwischen Männern und Frauen auf, der hier viel stärker ist als in den christlichen Kirchen: Tai-Chi und Qui-Gong, Feng-Shui und Ayurveda, Orgon- oder Chakren-Therapie, Yoga oder Shiatsu, Feldenkrais oder Bioenergetik, Rolfing oder Rebirthing scheinen mehrheitlich Frauen zu faszinieren.[80] Kaum ein Mann, nirgends. Sollte je einer vermutet haben, der sonntägliche Kirchgang sei für ehemalige Würdenträger aus der Industrie, für pensionierte Wichtigmänner irgendwie schamhaft besetzt – *hier*, im Lotussitz auf fair gehandelter Isomatte, in der achtsam atmenden Meditationsrunde ist für Männer zunächst und zuerst einmal *alles schamhaft* besetzt. Ausnahmen bestätigen, wie überall, die Regel.

Denn: Ein gewisser skeptischer Vorbehalt, eine innere Distanz, ein »nicht ganz glauben können« fällt bei den Naturgläubigen und Esoterikern ja viel schneller auf als in der Kirche! Wer männlich-rational irritiert ist, warum eine Heilmethode sich allein dadurch qualifiziert und empfiehlt, weil sie »von der Schulmedizin unbeachtet« oder »wissenschaftlich unüberprüfbar« ist – der macht sich nicht unbedingt beliebt. Ob die hier vorgetragenen Weisheiten wirklich »in Asien schon seit Jahrtausenden« gelehrt werden oder erst vor ein paar Jahren auf dem Ratgeberbuchmarkt der USA auftauchten, wer will das so genau wissen? Die Sorge, als ein zweifelnder Thomas enttarnt zu werden, der das »Energy-Chanelling« und das »Tibetan Pulsing« möglicherweise behindert durch seine Ungläubigkeit – diese Sorge ist völlig begründet! (In christlichen Gruppen mit magischem Gottesverständnis ist sie das übrigens auch, wenn z.B. bei Charismatikern und Pfingstlern »die Salbung des Heiligen Geistes nicht fließen kann, weil noch jemand zweifelt hier im Saal«.) Eine Lebenserfahrung des ehemaligen »Wort-zum-Sonntag«-Sprechers und bayerischen Urgesteins Adolf Sommerauer könnte solcherart verunsicherte Männer beruhigen: »Das Wachsen des Glaubens muss nicht immer größere Gewissheit bedeuten. Wachstum kann auch sein, dass man Zweifel und Anfechtung bewältigen lernt, über die man bisher weg zu geringem Tiefgang hinweg geglitten ist.«

Es mag viele schwer zu ermitteln Gründe geben, warum lebenslang religionskritische, kirchenferne Männer ab 50 oder 60, Männer mit großer innerer Distanz zu Gott, Bibel, Glaube und Gebet allmählich oder plötzlich auf die Idee kommen, einen Gottesdienst zu besuchen oder sich ehrenamtlich in einer Gemeinde zu engagieren. Der m.E. überraschendste findet sich ganz am Rande der Umfrage des Sozialwissenschaftlichen Instituts der EKD aus dem Jahr 2011: »77% der Frauen und 68% der Evangelischen im Alter von 60 plus sind Großeltern. Ein Drittel von ihnen gibt an, oft oder sogar sehr oft einen intensiven Kontakt zu den Enkeln zu pflegen. Bei den Großvätern erkennt man, dass diejenigen mit häufigem Kontakt zu ihren Enkel auch häufiger kirchlich verbunden sind und den Gottesdienst besuchen. Beim Gottesdienstbesuch überflügeln sie sogar die Frauen in der entsprechenden Teilgruppe.«[81]

16

WOZU IST DER OPA GUT?

»Urahne, Großmutter, Mutter und Kind / in dumpfer Stube versammelt sind« – so beginnt Gustav Schwabs berühmtes Gedicht »Das Gewitter« aus dem Jahre 1828. Schaurig schön. Generationen von Gymnasiasten mussten es aufsagen. Moment, wer fehlt da in der Stube? Der Großvater.

Vor knapp 200 Jahren war das zutreffend. Großvater wurde man(n) zwar bereits ab Mitte Vierzig, aber im familiären Leben der »dumpfen Stube« kam der sechs Tage 12 Stunden schuftende Bauer oder Handwerker wenig vor. Im Leben und Er-Leben seiner Enkel gar nicht. Oder erst dann, wenn er krank zu Hause lag. Bis die Enkel ihre Eindrücke von ihm aufschreiben konnten, war er meist tot.

Das hat sich geändert. Opa wird zwar später Opa, ist aber viel länger gesund und munter. Deshalb kommt er vor im Leben seiner Enkel. Und wie. Opa wird respektiert, wird geschätzt, oft sogar innig geliebt. Der moderne Opa des 21. Jahrhunderts muss nicht erst vom kauzig schnauzenden Griesgram zum liebevollen Übervater gewandelt werden wie der Alm-Öhi in Johann Spyris Roman »Heidi«. Und auch nicht erst vom geizig-hartherzigen Mr. Scrooge zum mildtätigen Menschenfreund, so wie »der kleine Lord« das bei seinem Großvater schafft in Frances Burnetts schönem Weihnachtsmärchen.

Warum und unter welchen Bedingungen strahlt der Stern der Wertschätzung eines alten Mannes plötzlich wieder heller, sobald Kindeskinder geboren werden ?

Die genetisch »eigenen« Enkel sind seltener geworden: 25% aller nach 1960 geborenen Frauen haben keine Kinder mehr bekommen[82], Deutschlands Kinderlosigkeit wird langsam sprichwörtlich bei europäischen Nachbarn, also betrachten Sie Ihre leibliche Großelternschaft getrost als Rarität. Über Nacht könnten Sie aber auch »soziale und rechtliche« Enkel bekommen: Wenn Ihr Sohn eine Freundin mit Kind »nach Hause bringt« oder sich Ihre Tochter einen frisch geschiedenen Vater geangelt hat, dann sind Sie Stief-Großeltern. Das werden Sie auch, wenn Ihren Kindern das Gegenteil passiert: Von den jährlich aktenkundig knapp 200.000 Scheidungen waren z.B. 2009 rund 150.000 Kinder betroffen. Die »Trennungen trotz Kind« kann man nicht präzise zählen, dürften aber pro Jahr kaum unter 100.000 liegen. Wie viele *Großeltern* von der Trennung und Scheidung ihrer erwachsenen Kinder betroffen sind, kann auch keiner exakt sagen – theoretisch wären es pro Paar immer vier –, aber auffällig ist doch: Über Scheidungs*kinder* ist in der pädagogischen Literatur unglaublich viel zu lesen, in Fernseh-Talks und Radiosendungen unendlich viel zu hören. Für frisch *Getrennte und Geschiedene* gibt es ganze Buchhandlungen voll Ratgeber.

Von den *mit betroffenen Omas und Opas* redet keiner. Wie es ist, »Eltern des Ex« zu sein oder gar »verstoßene« Großeltern zu werden, wenn die Schwiegertochter oder der Schwiegersohn den Kontakt zu den Enkeln unterbindet – davon reden zwei, drei kleine private Selbsthilfegruppen, sonst niemand.[83] Es gibt nämlich im deutschen Scheidungsrecht keinen verbrieften Anspruch der Enkel auf Kontakt zu ihren leiblichen Großeltern.

Mit »sozialen« Enkeln könnten auch jene Kurzen gemeint sein, deren gestresste Eltern dankbar sind für lebenserfahrene ältere Leute in ihrem Freundeskreis oder in eigens dafür geschaffenen Netzwerken: Knapp 100.000 »Studierende mit Kind« gab es 2011[84], mehrheitlich natürlich

Student*innen*, und so versucht der Katholische Deutsche Frauenbund KDFB seit 2008, in Universitätsstädten Paten-Großeltern zu finden, die befristet und unentgeltlich »Uni-Kinder« betreuen. Für ein paar Stunden am Tag nur, aber bisweilen wochenlang während wichtiger Klausuren oder Examina. In einigen evangelischen Landeskirchen vermitteln die Besuchsdienste, die Frauenhilfe, die diakonischen Familienberatungsstellen oder private Initiativen »Leih-Omas« schon länger – meist für die Zeit von Krankenhaus- oder Kuraufenthalten einer Mutter. Das Modell der »Au pair-Oma«, die für mehrere Monate eine kinderreiche deutsche Familie im Ausland betreut, ist dagegen noch relativ neu und in der Erprobungsphase.

Mal abgesehen von den tausenderlei menschlich-emotionalen und organisatorisch-technischen Einzelheiten und Kleinigkeiten, die einen solchen Kontakt zustande bringen oder zu Ende bringen – mag mein Kind die fremden alten Leute? Passt deren Lebenswelt zu unserer? Stimmen Erziehungsziele und Erziehungsstile halbwegs überein? Nutzen wir einander auch nicht aus? Erleichtert die Leih-Oma meinen Alltag organisatorisch oder verkompliziert sie ihn? Vorbehaltlich all dessen wird sich das Modell der »sozialen Großelternschaft auf Zeit« vermutlich rasant vervielfältigen.

Spielen Opas dabei eine Rolle? In den Reportagen und Zeitungsartikeln über heutige Enkelbetreuung nicht. Das mag daran liegen, dass es praktischerweise erst einmal die jungen Mütter sind, die mit der – leiblichen oder »sozialen« – Oma die organisatorischen Einzelheiten eines Enkelbesuchs aushandeln. Es mag daran liegen, dass sich die mediale Aufmerksamkeit lieber auf die fitten, sportiven,

»flott« aussehenden Frauen ab 60 richtet als auf die Männer. (»Meine Oma fährt im Hühnerstall Motorrad« ist ja heute kein unvorstellbarer Witz mehr.)

Es könnte aber auch daran liegen, dass Opas einfach weniger drüber reden, was sie mit ihren Enkeln unternommen haben. Und noch weniger darüber reden, was sie dabei gefühlt haben, als sie was unternommen haben.

Dass Opa »zur Verblüffung seiner Frau mit den Enkeln auf dem Fußboden herum rutscht, Pferd, Brücke und Dampfer ist, hüpft und singt und mit den Ohren wackelt; dass es ihm völlig egal ist, was die Leute von ihm denken«[85], darüber gibt's nach männlicher Wahrnehmung hinterher nicht viel zu sagen. Weniger jedenfalls als über gemeinsam gebackene Kuchen und fertig genähte Faschingskostüme. Nun gut, das filigran gezimmerte Puppenhaus, der reparierte Meerschweinchenstall, die Inbetriebnahme der Modelleisenbahn lassen sich vorzeigen. Vom abenteuerlichen Ausflug mit verspäteten S-Bahn-Anschlüssen in den leider geschlossenen Zoo und dann zur Tretbootfahrt auf dem Baggersee – davon lässt sich erzählen. Aber vom still und tief empfundenen Glück, als die Enkelin beim abendlichen Vorlesen in Opas Armbeuge eingeschlafen war? Seinen Kumpel und Ex-Kollegen erzählt er am Telefon, was er »gemacht« hat am Enkel-Wochenende. Aber was er gefühlt hat?

Der bereits zitierte umstrittene Vorwurf mancher »Männerforscher«, das Vorhandensein von zartesten Empfindungen werde nur demjenigen Mann geglaubt, der in weiblicher Sprache und Intensität davon reden könne[86], mag ideologiegefärbt und übertrieben sein – auf das Verhältnis zwischen Opas und Enkeln könnte er zutreffen.

Dass es zwischen Omas und Müttern häufig Streit gibt über die »richtige« Erziehung der Enkel, zwischen Opas und Vätern aber so gut wie nie[87] – das ist ja nicht notwendigerweise ein Zeichen von großväterlicher Inkompetenz in Erziehungsfragen. Es könnte auch Indiz für eine größere Gelassenheit sein.

Was also macht den »guten« Opa aus? Dass er außer seiner Bequemlichkeit – Zeitung lesen auf dem Sofa, während die Enkel vor dem Fernseher sitzen, ist zweifellos gemütlicher, als in nasskaltem Winterwetter Schlitten zu fahren – auch seinen inneren Vorbehalt gegen das Gerührtsein überwindet, sein heimliches Schamgefühl vor Empathie und Enthusiasmus.

»Oh Täler weit, oh Höh'n! / Du schöner grüner Wald / Du meiner Lust und Weh'n / andächt'ger Aufenthalt.« Ein enthusiastischer Seufzer des Romantikers Joseph von Eichendorff (1788-1857). Noch so ein ehemaliges Standardgedicht grinsender Gymnasiasten. Diejenigen älteren Nordic Walker oder Radwanderer, die es noch kennen, zitieren es mehr ironisch als andächtig, weil wir Menschen des 21. Jahrhunderts den Enthusiasmus als literarische Epoche abgehakt oder ins Fußballstadion verbannt haben. Hinter ihren blauspiegelnden Sonnenbrillen, grellbunten Sweatshirts und metallic schwarz schimmernden Leggins ähneln heutige Naturfreunde den Herren im Gehrock nicht im entferntesten, die auf Gemälden eines Caspar David Friedrich die Kreidefelsen von Rügen oder ein hinausfahrendes Schiff bei Sonnenuntergang bewundern. Tief beeindruckt und begeistert von der Natur ist der postmoderne Mensch, wenn sein Blutdruckmesser beim Joggen Normalwerte signalisiert und der Bordcomputer des Mountainbike neue Rekordzahlen anzeigt.

Begeisterung und Ergriffenheit – Theologen würden sagen: Faszinosum und Tremendum – im Sinne einer kindlichen Empfindsamkeit ist aber eine tiefe Sehnsucht von Männern. Verschüttet unter scheinbarer Empathielosigkeit und brummig-skeptischer Rationalität. Verheimlicht bis zum geht-nicht-mehr. Aber real vorhanden, vermute ich. Nun kann sich aber niemand auf Befehl freuen und auch per Willensanstrengung nur schwer »für etwas begeistern«. Ehrlicherweise jedenfalls nicht. Manchmal klagen Frauen darüber, ihr Mann »könne sich für gar nichts mehr begeistern«. Gemeint ist möglicherweise auch: »*Ich kann ihn für gar nichts mehr begeistern.*« Vielleicht aber können das diejenigen am besten, die noch am wenigsten können: die Enkel. »Ich hab mich gefreut wie ein Kind«, sagt der vernünftige, stets zweckmäßig handelnde Mann, und diese umgangssprachliche Wendung soll die Intensität und die Spontaneität seines irrationalen Enthusiasmus' sowohl erklären als auch ein wenig entschuldigen. Kleine Kinder dürfen das nämlich. Hellauf begeistert sein. In kreischenden Jubel, in wortlose Juchzer des Glücks ausbrechen, mit weit aufgerissenen Augen und angehaltenem Atem erzittern vor Faszination. Als Baby in der Wiege den wandernden Lichtfleck auf der Bettdecke bestaunen, als Kleinkind den grüngolden schimmernden Käfer bewundern, als Schulkind das Rauschen der Kiefern und den Geruch von Bärlauch, Pilzen und Ackerboden abenteuerlich finden.

»Die meisten Menschen legen ihre Kindheit ab wie einen Hut«, schreibt Erich Kästner. »In der Schule nötigte man sie von der Unter- über die Mittel- zur Oberstufe. Wenn sie oben sind, sägt man die Stufen ab, und nun können sie nicht mehr zurück. Sie sind Erwachsene, aber was sind sie nun? Nur wer erwachsen wird und Kind bleibt, ist ein Mensch.«

Kleine Kinder träumen vom Mann im Mond. Schulkinder wissen, welche Männer wann tatsächlich auf dem Mond waren. Erwachsene realisieren, dass der Mond nur durch die Brechung des widergespiegelten Sonnenlichts in der Atmosphäre so honiggelb aussieht und in Wirklichkeit dunkel, kalt und leer ist. Matthias Claudius (1740-1815), der scharfzüngige Journalist, Fürstenkritiker und Kind gebliebene Opa, ließ sich vom Anblick des Mondes begeistern und schrieb in sein »Abendlied« die kluge Zeile: »so sind gar manche Sachen, die wir getrost belachen, weil unsere Augen sie nicht sehn«.

Gustav Schwab, Joseph von Eichendorff, Caspar David Friedrich, Matthias Claudius? Der moderne Großvater im 21. Jahrhundert könnte doch, statt mit seiner Gattin um praktisch-organisatorische und mit seiner Tochter um pädagogische Kompetenzen zu wetteifern, einfach der letzte Romantiker der Familie sein – oder? Als liebenswert chaotischer Rebell gegen alles sorgenvoll Vernünftige. Seine leiblichen und/oder sozialen Enkel werden ihn dafür lieben, bin ich sicher.

Textnachweise

1 Peter Kümmel: Loriot, unser Lehrmeister, in: DIE ZEIT Nr. 35/2011, S. 41.

2 Sven Kuntze: Altern wie ein Gentleman, München 2011, S. 217.

3 Ebd., S. 248.

4 Zitiert nach Susanne Gaschke: Entspann Dich, Alter, in: DIE ZEIT Nr. 15/2011, S. 17.

5 Hannelore Schlaffer: Das Alter. Ein Traum von Jugend, Frankfurt 2003, S. 67ff.

6 Horst W. Opaschowski: Leben zwischen Muss und Muße, Hamburg 1998, S. 16.

7 Sven Kuntze, aaO., S. 12.

8 Eva R. Schmitt/Hans G. Berg: Beraten mit Kontakt, Offenbach 2004, S. 427ff.

9 Thomas Rottenberg: Das Männerverstehbuch, St. Pölten 2005, S. 76.

10 Philipperbrief Kap. 2, Vers 3.

11 Bettina von Kleist: Wenn der Wecker nicht mehr klingelt, Berlin 2006, S. 204.

12 Zitiert nach Frederike Schröter: Die grauen Engel, in: DIE ZEIT Nr. 15/2011, S. 19.

13 Zitiert nach Dorit Kowitz: Generation Armut, in: DIE ZEIT Nr. 21/2011, S. 33.

14 Zitiert nach Elisabeth Niejahr/Kolja Rudzio: Besonders Frauen werden profitieren, in: DIE ZEIT Nr. 37/2011, S. 26.

15 Ursula Ott: Total besteuert, München 2010, S. 55.

16 Ebd., S. 66.

17 Zitiert nach Elisabeth Niejahr: Lasst uns länger arbeiten!, in: DIE ZEIT Nr. 22/2011, S. 4.

18 Ebd.

19 Bettina von Kleist, aaO., S. 59.

20 Harald Martenstein: Ansichten eines Hausschweins, München 2011, S. 13f.

21 Norbert Bolz, zitiert nach Bettina von Kleist: aaO., S. 20.

22 Gretchen Dutschke: Wir hatten ein barbarisch schönes Leben, Köln 1996.

23 Martin Hecht: Deutsche Unsitten, Frankfurt 2007, S. 45.

24 1. Korintherbrief Kap. 14, Vers 34: »Das Weib schweige in der Gemeinde«.

25 Johannes-Evangelium Kap. 13, Vers 23: »Einer der Jünger lag an Jesu Brust. Der, den Jesus lieb hatte«.

26 Matthäus-Evangelium Kap. 3, Verse 4 und 7b: »Johannes der Täufer trug Kleidung aus Kamelhaar und einen Ledergürtel, aß Heuschrecken und wilden Honig und sprach: Ihr Otterngezücht, wer hat Euch gesagt, dass Ihr dem zukünftigen Zorngericht entgehen werdet?!«

27 Richard Rohr: Der wilde Mann. Geistliche Reden zur Männerbefreiung, München 1987.

28 Robert Bly: Eisenhans, Hamburg 2009.

29 John Eldredge: Der ungezähmte Mann, Gießen 2001.

30 Johannes-Evangelium Kap. 1, Vers 29.

31 Offenbarung Kap. 5, Vers 5: »Siehe, der Löwe aus dem Geschlecht Judas«.

32 Zitiert nach Michael Klonovsky: Der Held. Ein Nachruf, München 2011, S. 44.

33 David Murrow: Warum Männer nicht zum Gottesdienst gehen, Haiterbach-Beilingen 2011.

34 Dieter Nuhr: in Satiregipfel, ARD 12.9.2011.

35 Zitiert nach Hartmut Meesmann: Die verlorene Identität, in: Publik Forum Nr. 21/2010, S. 18f.

36 Ebd.

37 Thomas Gesterkamp in einer Studie der Friedrich-Ebert-Stiftung, zitiert nach Meesmann, aaO.

38 Martin Kohli/Harald Künemund: Die zweite Lebenshälfte, Leverkusen 2005, S. 205ff.

39 Horst W. Opaschowski, aaO., S. 61-71.

40 Johan Schloemann: Futtern wie bei Muttern, in: Süddeutsche Zeitung vom 23.3.2009.

41 Meredith Haaf: Heult doch!, München 2011, S. 29.

42 Ebd., S. 126.

43 Ebd., S. 114.

44 Klaus Hurrelmann (Hrsg.): 16. Shell Jugendstudie, Frankfurt 2010.

45 Klaus Hurrelmann: Lebensphase Jugend, Weinheim 2009.

46 Zitiert nach Karlheinz A. Geißler: Lob der Pause, München 2010, S.72.

47 Ronald Henss (Hrsg.): Hundert haarige Limericks, Saarbrücken 2008.

48 Joschka Fischer: Mein langer Lauf zu mir selbst, Köln 2000.

49 Sven Kuntze, aaO., S. 145f.

50 V Man Magazine Nr. 20/2010.

51 Roman Maria Koidl: Scheißkerle, Hamburg 2010, S. 168f.

52 Volkmar Sigusch: Auf der Suche nach der sexuellen Freiheit, Frankfurt 2011, S. 118.

53 Tamara Domentat: Lass Dich verwöhnen. Prostitution in Deutschland, Berlin 2003.

54 Lea Ackermann: Verkauft, versklavt, zum Sex gezwungen, München 2005, S. 70.

55 Bernard Starr/Marcella Weiner: Liebe im Alter, Frankfurt 1998, S. 16.

56 Norbert Kluge/Marion Sonnenmoser: Das Sexualleben der Deutschen, Frankfurt 2002.

57 Focus vom 29.4.2002

58 Zitiert nach Michael Klonovsky: aaO., S. 43.

59 Björn Schwentker/James Vaupel: Die politische Dimension des demographischen Wandels, zitiert nach »Zeitzeichen« Nr. 3/2011, S. 20ff.

60 Sven Kuntze, aaO., S. 66.

61 Karl Rahner: Zum theologischen Grundverständnis des Alterns, in: Schriften zur Theologie Bd. 15, Freiburg 1983, S. 315ff.

62 H. J. Eckstein: Du hast mir den Himmel geöffnet, Holzgerlingen 2001, S. 126.

63 Paul Simon: »Slip sliding away«, aus: Still crazy after all these years, 1976.

64 Hans Goldbrunner: Altwerden als Herausforderung für die Familie, Mainz 1999, S. 35f.

65 Tilman Moser: Gott auf der Couch, Gütersloh 2011, S. 132.

66 Klaus-Peter Hertzsch: Chancen des Alters, Stuttgart 2008, S. 20.

67 Ebd., S. 91f.

68 Tilman Moser, aaO., S. 66f. und S. 127f.

69 Matthias Drobinski/Claudia Keller: Glaubensrepublik Deutschland, Freiburg 2011, S. 13.

70 Herbert Schnädelbach: Religion in der modernen Welt, Frankfurt 2009, S. 79f.

71 Ernst Bloch: Das Prinzip Hoffnung, zitiert nach Klaus-Peter Hertzsch: Chancen des Alters, aaO., S. 110ff.

72 Maren Kroyman: The Sixties, in: Frankfurter Allgemeine Zeitung vom 24.9.2011.

73 Tilman Moser: aaO., S. 57 und S. 88.

74 Zitiert nach Evelyn Finger: Weihnachten, in: DIE ZEIT, Nr. 51/2010, S. 64.

75 Ebd.

76 Sven Kuntze, aaO., S. 122f.

77 Ebd., S. 129.

78 Petra-Angela Ahrens (Hrsg.): Uns geht's gut. Religiosität und kirchliche Bindung 60 plus, Berlin 2011, S. 107.

79 Zitiert nach »Zeitzeichen« Nr. 9/2011, S. 7.

80 Ulrich Linse: Geisterseher und Wunderwirker. Heilsuche im Industriezeitalter, Frankfurt 1996, S. 216.

81 Petra-Angela Ahrens, aaO., S. 87.

82 Bascha Mika: Die Feigheit der Frauen, München 2011.

83 Bundesinitiative Großeltern von Trennung und Scheidung betroffener Kinder, BIGE: www.grosseltern-initiative.de.

84 Zitiert nach Nora Gantenbrink: Die Uni-Omas, in: DIE ZEIT vom 21.7.2011.

85 Helga Gürtler, Das Glück einer besonderen Beziehung, Freiburg 2007.

86 Stephan Bartels/Till Raether: Männergefühle, Frankfurt 2011.

87 Roman Leuthner: Hilfe, wir werden Großeltern, München 2010.